TEATRO ESPERANTE

COLECCION SEPTIMO DIA

Diseñó la portada Salvador Calvo, sobre un
cuadro suyo titulado *"Ventana al pueblo hispano"*

Fernando Benzo Sainz
Jaime Ramonell
Alfonso Eduardo Antinucci

TEATRO ESPERANTE

Concursos Literarios Esperante
Edgardo Pantigoso-Batista Galassi,
Directores

GRUPO ESPERANTE - Northeastern Illinois University
EDITORIAL UNIVERSITARIA CENTROAMERICANA

Primera Edición
EDUCA, Centroamérica, 1989

Edición: al cuidado deAlfredo Aguilar

862.4   Benzo Sainz, Fernando
             Teatro esperante / Fernando Benzo Sainz;
         Jaime Ramonell; Alfonso Eduardo Antinucci.--
         1. ed. -- San José, C.R.: EDUCA, 1989
                 V. I .

             Premio Concurso Teatro Esperante.

             ISBN 9977-30-144-1

         1. Teatro hispanoamericano. I. Ramonell, Jaime.
         II. Antinucci, Alfonso Eduardo. III. Título

(c) EDITORIAL UNIVERSITARIA CENTROAMERICANA

Organismo de la Confederación Universitaria Centroamericana CSuCA,
integrada por: Universidad de San Carlos de Guatemala, Universidad de El
Salvador, Universidad Nacional Autónoma de Honduras, Universidad Nacional Autónoma de Nicaragua, Universidad Nacional de Costa Rica, Universidad de Costa Rica, Universidad Nacional de Panamá.

Apartado 64, 2060, Ciudad Universitaria Rodrigo Facio, Costa Rica.

PRESENTACION

Los Concursos Literarios ESPERANTE -cuento, teatro, literatura juvenil- han sido establecidos para satisfacer, en la medida de nuestras posibilidades, la necesidad a la que aludió el escritor mejicano Ricardo Saínz. Dijo este autor que América no era ya "una novela sin novelistas", como comentara hace mucho tiempo el crítico peruano Luis Alberto Sánchez, sino un "continente de escritores sin editores". Queremos, pues, ofrecer a estos autores que esperan -los esperantes- un editor, un vehículo de expresión para que se lean y conozcan sus obras.

Este libro, TEATRO ESPERANTE, contiene las tres obras premiadas como también ocho menciones honoríficas del Concurso de Teatro ESPERANTE, 1988. Participaron en él autores de por lo menos 14 países hispanoamericanos, Estados Unidos y España.

Nuestro especial agradecimiento a los distinguidos jueces: John Gabriele profesor de español del College of Wooster, Carmen Naranjo conocida escritora costarricense y Anthony Pasquariello ex-jefe del Departamento de Español, Italiano y Portugués de la Universidad de Illinois, Champaign-Urbana.

Como siempre los estudiantes hispanos de Northeastern Illinois University y los que estudian allí la lengua y cultura del mundo hispano nos brindaron su entusiasta apoyo.

Directores

Edgardo Pantigoso   *Battista Galassi*

7

INTRODUCCION

Carmen Naranjo

El grupo Esperante de la Northeastern Illinois University me distinguió al nombrarme en el jurado para seleccionar las obras de teatro de su concurso. Así me deparó una oportunidad de conocer lo que autores muy jóvenes y desconocidos están escribiendo en el mundo de habla española.

Hasta ahora sé que el jurado estaba también integrado por John Gabriele y por Anthony Pasquariello. Recibí las instrucciones de calificación y las obras. Por carta dí mis notas. Igual procedimiento siguieron los otros dos miembros del jurado. Hubo acuerdo y coincidencia en la selección de las obras.

Para decidir los premios, se me pidió una relectura de las tres escogidas. La realicé y afirmé mi criterio de que el primer premio debía ser para *Scottie*, el segundo para *Infierno, ida y vuelta* y el tercero para *El visitante*. En las tres obras seleccionadas para menciones honoríficas, el acuerdo fue general.

Scottie es una obra alucinante sobre la vida, la muerte y la larga agonía del escritor norteamericano Scott Fitzgerald. Mentiras y verdades se hacen presentes en el escenario porque, como termina Scottie, "... todo es ya parte de la leyenda. Y, ya se sabía, en toda leyenda hay una carga de inmortalidad".

Infierno, ida y vuelta, trata de la relación infernal de una pareja en que se juega con el suicidio y el asesinato, dentro de un ambiente franquista en que el autoritarismo influye y con un final de teatro sobre teatro.

El visitante nos ofrece el retrato de un escritor en su agonía frente al triángulo amoroso, con un nuevo giro dramático.

Las tres obras premiadas ruedan hacia la literatura en sí. La primera trata de un escritor y sus fantasmas. En la segunda el principal personaje quiere escribir y realizarse. En la tercera un novelista recibe a un visitante, que es la muerte, y le plantea la falsedad de la creación artística.

Las ocho obras que recibieron menciones honoríficas, también hacen crecer el teatro de habla hispana. Son las siguientes: *La venganza,* sobre la escabrosa relación de madre-hija; *Glaciación Genil* acerca de una invasión de la nieve a la ciudad de Granada; *El señor patricio tiene la palabra,* en que se vuelven los grandes romanos a tomar la palabra; *Pilato* en que se debate sobre la justicia humana y la justicia divina *Aventuras de Juan de Buenalma en tierras de Nueva España,* una obra de sucesos, de hechos y palabras; *La noche de los lápices* acerca de la brutal represión y asesinato en Buenos Aires de jóvenes estudiantes de secundaria; *Festejante* sobre el arte creativo y su representación; y finalmente la obra *Llanto* por Federico García Lorca en donde la presencia del poeta y sus personajes ilumina la escena.

Gracias a la labor que realiza el Grupo Esperante en la Northeastern Illinois University, músicos, escritores y artistas del mundo que habla con orgullo español, se dan a conocer y reciben el estímulo que los centros universitarios deparan en Estados Unidos.

Este libro de nuevas obras teatrales es parte de esa gran labor.

Fernando Benzo Sainz
(Primer Premio)

Nació en Madrid en 1965, siendo el menor de cuatro hermanos. Pasó su infancia en Sevilla y, a los catorce años, se trasladó a La Coruña. En la actualidad reside en Madrid donde estudia Derecho en la Universidad Pontificia de Comillas.

En los últimos años ha obtenido premios literarios en concursos de relatos breves. *Scottie* es, hasta la fecha, su primera y única obra teatral, fruto de una vieja obsesión y admiración por la obra del escritor Scott Fitzgerald.

Actualmente escribe su primera novela.

SCOTTIE
Drama en dos actos

Personajes por orden de aparición

Basil .... Ernest Hemingway
Scott .... Jóvenes de Fiesta
Mrs. Faxwell .... Ginevra
Edward .... Joven 1o., 2o., 3o. y 4o.
Edmund Wilson .... Hombre 1o. y Hombre 2o.
Joseph Bishop .... Josephine*
Sheila .... Chica 1a., 2a. y 3a.
Zelda .... Gatsby

* **El personaje de Ginevra y el de Josephine lo interpretarán la misma actriz.**

Escenario

Dividiremos el escenario en escenario anterior y escenario posterior. Derecha e izquierda la del espectador.

El escenario anterior es una humilde y sencilla habitación, de una sencillez que no implica en absoluto miseria. En el centro hay una cama de cabecera sin adornos y a su izquierda una pequeña mesilla con cajón y armarito. En la pared de la derecha hay una puerta. A la pared de la izquierda está pegado un escritorio, con una lamparita y su correspondiente silla. En esta pared puede colocarse un cuadro pequeño.

La pared del fondo de la habitación sólo llega a la altura de la cabecera de la cama y a partir de ahí se extiende el escenario posterior, desnudo de decoración.

Los personajes pueden aparecer por cualquier punto del escenario posterior. En el escenario anterior, no sólo pueden aparecer por la puerta, sino también por espacios muertos en primerísimo plano tanto a la derecha como a la izquierda.

ACTO I

El escenario está en penumbra, sólo una débil luz permite ver algo en la zona completamente anterior del mismo. Se adivina la cama deshecha, sin poderse discernir si hay alguien o no en ella.

Al levantarse el telón, Basil está sentado en una silla en la penumbra, a la izquierda, de espaldas al público.

Por un instante, nada se mueve. Luego, Basil se levanta y da unos pasos hacia la derecha, la vista baja, las manos en los bolsillos. Entra en la zona anterior iluminada. Es un joven de entre quince y diecisiete años, lleva camisa y chaleco de tenis blanco y unos pantalones príncipe de gales beige.

Tras dar unos pasos, levanta la vista y repara en el público.

Basil - *(Ligeramente sorprendido)* Ah... eh... buenas noches. Ustedes... bueno, supongo que están aquí para ver una historia...

Suenan tres o cuatro alegres acordes de piano. Luego, mientras hable, sonará una suave pieza al piano.

Basil - ...una historia de charleston, de la era del jazz, con chicas bonitas y galanes apuestos... *(Sonríe, escéptico).* Me temo que han perdido su dinero. Aquí no hay grandes números musicales, ni trajes vistosos. Tampoco van a ver grandes romances. *(Vuelve a sonreir).* En realidad, ni siquiera hay una historia. Sólo hay un hombre... bueno, y una cama y alguna silla... y muchas botellas vacías. Y, como ven,

17

tampoco hay grandes luces de colores ni espectaculares escenarios. Pero no, no se desanimen, no dejen sus asientos. Tal vez vean algo después de todo. Uno nunca sabe donde puede estar la gran historia...

Desde hace unos instantes, ha ido iluminándose el escenario y podemos discernir ya la habitación.

Basil - ...donde puede estar el romance *(Vuelve la risa escéptica)* Ya saben, a Scottie le llamaban el último romántico... Me refiero a él *(Señala vagamente a la cama, donde se acierta ya a ver un bulto humano)*, a Scott. Ustedes habrán leído algún libro suyo. Seguro. El es... bueno, o ha sido, un gran escritor... *(El bulto se mueve y sale un brazo sobre las sábanas)* ¡Ah! Y mi nombre es Basil. Pero... bueno... yo ni siquiera soy un personaje en este drama... o comedia, no sé... sí, sí, soy un personaje, pero de otras historias, de otros cuentos...

En la cama se oyen algunos gruñidos y un sordo bostezo.

Basil - *(Mira a la cama)* Vaya. *(Baja el tono de voz. Al público)* Creo que el gran hombre despierta. Sólo les diría algo más: no le juzguen a la primera, no sería justo. Observen, calibren y, luego, juzguen. Pero no sean crueles. No se lo merece.

Scott levanta la cabeza, el pelo, de un rubio oscurecido, revuelto, los ojos enrojecidos, el rostro cansado por más de cuarenta años de inquieta vida. La luz ha dejado de aumentar y ha quedado en un tono cálido, sin llegar a ser acogedor. Basil le mira. Scott mira a su alrededor, sin entender bien dónde se encuentra. Basil vuelve a encarar al público.

Basil - Scott y yo nos conocimos hace ya algún tiempo, cuando él era aún un universitario lleno de proyectos. Estudió en Princeton, ¿saben? El no hubiese aceptado algo peor...

Scott se fija en Basil. La música irá decayendo hasta cesar.

Basil - Bueno, es cierto que no fue a Harvard, pero, ¿qué quieren?, Princeton no es una tontería, ¿no? Teniendo en cuenta que su padre no tenía mucho dinero.

Scott - ¡Maldita sea! *(A Basil)* ¡Eh, tú!

> *Basil se vuelve algo asustado. Scott salta de la cama. No es muy alto. Lleva una camisa con los botones superiores desabrochados y un pantalón ancho, ambas prendas en tonos grises. Mete los pies en unas zapatillas y se acerca a Basil.*

Scott - ¿Otra vez tú? *(Amenazante)* ¿Es que no vas a dejarme nunca en paz, maldito fantasma?

> *Basil retrocede unos pasos, trata de decir algo pero no llega a hablar.*

Scott - Noche tras noche... ahí... escapado de un viejo montón de tontas historias. ¿Qué buscas de mí? ¿Qué pretendes? ¡Oh, Dios! *(Gira sobre sí mismo, mesándose el pelo)* ¿Es que quieres volverme loco? Aquí me tienes, hablando contigo, ¡con un personaje literario! *(A sí mismo)* No, no se lo permitas. Es sólo una imagen dibujada en alcohol. Tú le diste vida y tú puedes quitársela... *(Se vuelve a Basil y le sorprende comprobar que sigue allí, tan real)* ¡Vete! ¡Vete! ¡Desaparece! ¡No eres nada! ¡Nada! ¡Lárgate!

> *Basil mira a Scott y luego al público, tan desconcertado como atemorizado por la ira que emana Scott. Después, andando para atrás hasta casi marcharse, sale por la derecha, por el espacio muerto anterior a la puerta.*
> *Scott se frota los ojos y, con paso inseguro, se apoya en la mesa del escritorio. Murmura algo parecido a "no puedo seguir así". Toma una hoja de las que hay en la mesa y la deja tras leer algo. Murmura: "basura".*
> *Suenan unos golpecitos en la puerta.*

Scott - ¡Sí!

La puerta se abre con lentitud y entra Mrs. Faxwell, el ama de llaves, una mujer bien entrada en años, de débiles y obesas carnes, algo cargada de hombros y con un traje pasado de moda. Más que respeto, en su actitud sumisa hay un cierto temor.

Mrs. Faxwell - El señor perdone... Oí su voz y... vengo para ver si ocurre... si necesita algo.

Scott - *(Confuso)* No... no, Mrs. Faxwell, no se preocupe. Todo... todo va bien. *(Hay un silencio embarazoso para Scott)* Eh... la señorita Sheila... ¿se ha ido a la ciudad?

Mrs. Faxwell - No. Está en el salón, con el doctor Farrow, que...

Scott - ¿El doctor Farrow?

Mrs. Faxwell - Sí. Ha venido a verle. Quiere saber si le han desaparecido ya los dolores del pecho.

Scott - *(No muy alegre con la noticia)* Vaya. Querrá echarme un vistazo, ¿eh? Bueno, dígale que venga. Le veré antes de desayunar. Hoy quiero ponerme a escribir pronto. Stahr ha provocado al delegado del sindicato, ¿sabe?, y éste le ha tirado al suelo de un puñetazo *(Ante el desconcierto de Mrs. Faxwell, sonriéndole)*. Es el argumento de la novela.

Mrs. Faxwell asiente.

Mrs. Faxwell - ¿Hago entonces pasar al doctor?

Scott - Sí, sí. Cuanto antes mejor. Mi corazón tiene hoy prisa, no quiere entretenerse con ese pesado de Farrow.

Sonríe de nuevo el ama, que se retira.
Scott trata en vano de alisarse un poco el cabello, que se resiste a ceder. Al final, lo abandona. Se acerca a la mesilla y se inclina un poco para abrirla, pero desiste en el último momento y, algo nervioso, mete las manos en los bolsillos y regresa junto al escritorio.
Por fin, llaman a la puerta.

Scott - Entre.

Al abrirse la puerta, Scott está de espaldas, guardando los papeles de encima de la mesa en uno de los cajones de ésta. El hombre que entra, EDWARD, debe rondar los sesenta pero aparenta muchos más. El pelo grisáceo le escasea en la coronilla, los ojos son redondeados por gruesas bolsas, la mirada es lánguida, el andar cansino. Bien podría ser un anciano, pero hay algo en él altivo, el resto de lo que debió ser un gran hombre, un porte perdido muy similar al que se advierte en el propio Scott.

Edward - *(Sin avanzar más allá de la puerta).* Buenos días, Scott.

Scott se vuelve y al mirarle parece recibir un mazazo. Tiene incluso que apoyarse en la mesa. Unos segundos después, logra dar unos pasos hacia Edward, sin quitarle los ojos de encima, lo que aquél soporta estoico.

Scott - *(Sin creerse sus propias palabras, muy despacio)* ¿El doctor Farrow?

Edward no se inmuta, sólo le mira. Scott niega primero con la cabeza y habla después.

Scott - No, claro que no. No eres el doctor Farrow, ¿verdad?

Edward niega con la cabeza tranquilamente.

Scott - Dios mío... *(Pasea por la habitación, aturdido)* ¿Es que me he vuelto loco? ¿O es que estoy muerto?, Sí, soy un muerto, ¿verdad? *(Se vuelve y encara a Edward)* Soy un muerto, es eso, ¿verdad? *(Asintiendo)* Así que es esto. La muerte. Y, dime, ¿a qué lado del Paraíso estoy yo?

Edward - No, Scott, no eres un muerto. Al menos, no lo eres todavía.

Scott - ¿Ah, no? ¿No soy un muerto? *(Gritando)* ¡Entonces dime qué haces tú aquí! ¡Llevas nueve años muerto! Tú no eres más que un montón de huesos y algún que otro recuerdo. Sólo eso *(Muy nervioso)* Porque... porque eres tú, ¿verdad? Eres Edward Fitzgerald, ¿verdad? El padre del escritor. Mi padre.

La luz ha descendido ligeramente según ha dicho Scott sus últimas palabras, lo que sume el escenario en un ambiente mínimamente irreal.

Edward - Sí, hijo, soy yo.

Scott - ¿Y qué quieres de mí? ¿Reírte? *(Va junto a la mesilla, a la vez que habla saca una botella sin etiqueta a medio llenar y un vaso)* Volver para decirme: "¿Ves? No es tan fácil triunfar. Tú también has fracasado. Sólo eres un guionista de películas baratas. Eso es todo. *(Se sirve y echa un trago)* Tampoco en ti se cumplen los sueños." *(Agresivo)* ¿Es eso lo que has venido a decirme?

Edward - *(Avanzando hacia el centro)* Tranquilízate, chico. No he venido a hablar contigo para decirte todas esas sandeces. Sólo vengo para conversar con mi hijo, para ayudarle... si puedo. *(Se detiene junto a una silla)* ¿Me permites? *(Scott asiente. El se sienta con un suspiro de cansancio)* No deberías empezar a beber tan temprano.

Scott parece repentinamente relajado. Se sirve otro vaso para dejar la botella en la mesilla.

Edward - Pareces confuso. Asustado o algo así.

Scott - ¿Asustado? Soy uno de los peores guionistas de Hollywood, tengo serios apuros económicos, no consigo terminar mi novela y el otro día por poco me muero de un ataque al corazón... ¿puedo pedir algo más? No estoy confuso... ni asustado. Sólo estoy acabado.

Edward - ¿Y Zelda?

Scott - *(Visiblemente sorprendido por la pregunta)* No... no lo sé... yo...

Edward - *(Advirtiéndolo)* Oh, bueno, no tiene importancia. No me gusta oírte decir que estás acabado, chico. tú siempre fuiste un joven ambicioso, con iniciativa. No puedes hablar así.

Scott - Ya no tengo quince años, padre. Tengo cuarenta y cuatro. Ha pasado la mitad de mi vida.

Edward - *(Sin escucharle)* Y, además, están todos esos libros...

Scott - ¿Libros? ¿No me has oído? ¡Ni siquiera soy capaz de terminar una novela!

Edward - *(Animado)* ¿Estás escribiendo? Me gustaría leer algo.

Scott señala la mesa con desgano. Edward se levanta y va al escritorio.

Scott - En el cajón. *(Se sienta en la cama y vacía el vaso de un trago)*

Edward abre el cajón y saca unas cuantas hojas.

Edward - *(Leyendo)* El último magnate...

Scott - Oh, no merece la pena leerlo, en serio.

Edward - *(Volviéndose a él)* ¿A qué viene eso? Oye, chico, eres aún joven. Sólo son cuarenta y cuatro años ¿Es que te has rendido ya?

Scott - ¿Rendirme? El mundo no te permite rendirte *(Ríe con tristeza)* Siempre hay que seguir. Seguir, seguir, seguir. ¿Te rendiste tú cuando te echaron de Procter & Gamble? *(Edward acusa el golpe que le produce oír ese nombre)* Oh, no. Tuviste que seguir, aparentando que aún eras un buen vendedor. Y ni siquiera tenías un local propio cuando nos fuimos a Saint Paul, tenías que usar el del tío Philip, ¿lo recuerdas? *(Se levanta, se sirve otro vaso y se acerca a su padre)* Estaba yo... y Annabelle... y, además, no podías permitir que mamá bajase de status social, claro. Ella era toda una señora, de una familia respetable. *(Pausa)* No, Edward Fitzgerald, tú no te rendiste. Como no puedo rendirme yo. Y no por mi hija... ni por Zelda... es sólo que soy un escritor, que no puedo rendirme, ceder, parar el cerebro y dejar de escribir. No se me está permitido.

Edward - *(Afectado)* Tú... bueno, tú no me recuerdas como un fracasado, ¿verdad, Scott?

Scott le mira, pero Edward no se atreve a soportar esos ojos. Prefiere entretenerse en dejar las hojas en el cajón.

Scott - Tú sólo eres un producto del sueño americano y, como todos los sueños, no has llegado nunca a ser del todo una realidad.

Edward - Eso no es una respuesta. O sólo es una respuesta misericordiosa. No seas compasivo, chico. Yo fui un fracasado, mantenido por su mujer, con un hijo que me admiraba a la vez que se desengañaba sobre su padre. Un "débil mental", como tú escribiste una vez sobre mí.

Scott baja la vista avergonzado al oír la cita. Da un sorbo a su vaso y pasea por el cuarto.

Scott - Yo siempre esperé algo grande de ti, es verdad. Mamá me mimaba...

Edward - Tenías una salud débil.

Scott - ... me instaba a entrar en la alta sociedad. Ella sabía que sólo los ricos hacen sus sueños realidad. Pero yo lo que quería era parecerme a ti, tener un código moral firme, estar convencido de que yo era alguien...

Edward - ... luego perdí mi trabajo y empezaron las mudanzas y las ayudas de la familia de tu madre y te diste cuenta de que tu superamericano padre era un fracaso.

Scott - ¡No hables así! Yo no puedo echarte nada en cara. Sólo soy un escritor mediocre y engreído.

Edward - ¡No es cierto! Tú eres el autor de El gran Gatsby ¡Has escrito grandes cuentos!

Scott suelta una risotada.

Scott - ¡Un montón de historias románticas para emocionar a solteronas adineradas!

Edward - ¡Una obra grande!

Scott - ¡Tonterías! *(Algo excitado)* Tú al menos fuiste siempre sincero contigo mismo. Yo ni siquiera puedo mirarme en un espejo

¿Está mi honestidad, mi moral, en el mundo de los muertos del que vienes tú?

Una luz difusa empieza a iluminar el oscuro fondo, que va tomando una tonalidad onírica. Siempre que la acción se desarrolla en el escenario posterior, la iluminación tendrá algo de irreal, de fantasía. A lo lejos, casi imperceptiblemente, empieza a sonar una alegre pieza de rag.

Edward - ¡Tu eres el que parece venir de un mundo de muertos! Te autocompadeces, reniegas de lo que fuiste y crees que tienes ochenta años. Aún hay tiempo, Scott, aún hay tiempo.
Scott - ¿Tiempo? *(Sarcástico)* ¿Para qué? ¿Para vaciar más botellas?

En el escenario posterior van apareciendo tres siluetas altas y rectas, sin duda de muchachos jóvenes, sentadas en finos y también altos sillones.

Edward - ¡Maldita sea, Scott! *(Se acerca a Scott, que vuelve a llenarse el vaso)* ¿Cómo puedes hablar así tú, el joven ambicioso que vi crecer? ¿Y tu espíritu de lucha? Ese espíritu que te llevó a Princeton, que te convirtió en el más joven escritor con éxito de América. ¿Es que no te basto yo como ejemplo de lo que tienes que evitar? Mírame, un muerto olvidado por el mundo *(Scott va a protestar pero él le calla con un ademán)* Y mírate a ti. El joven acusador de un país podrido, ¡el autor del sentimiento! ¿Es que quieres ponerte a mi lado? Reemprende tu camino, chico. Recuerda al universitario que fuiste.

En el escenario posterior, las tres siluetas beben y parecen enfrascadas en una conversación.

Wilson - ¿Y Scottie? ¿Es que va a pasarse todo el día en el club?
Bishop - Ya sabes lo pretencioso que se pone a veces *(Irónico)* Le gusta codearse con la élite.

En el escenario anterior, Scott mira al suelo, confuso por la arenga paterna. Edward se recupera aún del sofoco que le ha producido la perorata.

Edward - *(Conciliador)* En fin, muchacho, no creo que haya mucho más que te pueda decir. Al fin y al cabo, ¿quién soy yo para...
Scott - *(Interrumpiéndole)* Oh, no te autocompadezcas *(La luz decae en el escenario anterior a la vez que va aumentando poco a poco en el posterior)* Tú has sido toda tu vida un luchador ¡Toda tu vida! Yo creo que empecé a decaer en cuanto salí de la Universidad...

Wilson se levanta de un brinco de su asiento. A Bishop y a él se les distingue ya con claridad, mientras que la tercera figura permanece en la penumbra, en un segundo plano. La oscuridad es ya completa en el escenario anterior.

Wilson - Ese mequetrefe lo único que pretende es llegar a ser un aristócrata.
Bishop - No seas tan duro con él, Edmund. Scottie sigue siendo un niño ansioso por presumir. Además, ¿no estamos acaso en Princeton? De aquí no salen genios, como de Harvard. Ni triunfadores al estilo Yale...
Wilson y Bishop - *(A la vez)* De aquí salen caballeros.
Wilson - Sí, sí. Ya sé la cantinela. Pero yo no les llamaría caballeros...
Bishop - ¿Ah, no?
Wilson - ... les llamaría "figurines". Insustancialidad en estado puro.

En ese momento entra Scott. Su pelo parece más rubio y rebelde que el del Scott cuarentón, sus gestos serán más rápidos, sus ojos más vivaces. Viste ropas juveniles. Parece rodearle un aura de energía que electriza el ambiente.

Scott - Vaya... *(Algo jadeante)* Siento retrasarme.
Bishop - Vienes del Cottage, supongo.
Scott - Te equivocas.
Wilson - O del Triangle.

Scott - No vengo de ningún club. He estado hablando con Gauss en su despacho.

Wilson parece agradablemente sorprendido.

Bishop - ¿Qué habéis hecho? ¿Discutir sobre el Ulysses?

Scott - Sólo charlando. Digamos que he recibido una clase personal.

Wilson - ¿Porqué? ¿No vas a sus clases en la Facultad? *(Se sienta de nuevo)*

Scott - Oh, sí. Pero, dime, ¿qué opinas tú de sus clases? Nadie parece entender nada de lo que dice. Gauss habla de Flaubert y los alumnos le confunden con Skaspeare. Hacen preguntas que yo ya era capaz de responder cuando tenía quince años.

Wilson - ¡Oh, el genio literario!

Scott - *(Ignorándolo. Pomposo)* El ambiente mundano de esta Universidad no es adecuado para un erudito de la valía de Gauss.

Wilson - En eso estoy de acuerdo *(a Bishop)* ¿Qué opinas tú, Bishop? Hay que reconocer que Gauss es uno de los pocos profesores de lengua capaces de entender a Joyce o a Proust *(mordaz)* Bueno, él y nuestro Scottie, por supuesto.

Bishop - Oh, vamos, Edmundo... Scott no sólo les entiende... ¡les supera!

Scott - ¡Oh, iros al diablo!

Wilson - Oh, no, no, por Dios. Si alguien lo duda, ahí están sus obras maestras en las columnas del Tiger.

Scott - *(Molesto)* Siempre igual. Eso sólo eran tonterías en una gaceta humorística. Yo era un novato cuando las escribí ¿Qué queréis? ¿Que llegase a Princeton publicando ensayos sobre la poesía de Swimburne?

Bishop - Si al menos aprendieses a apreciar a Keats...

Scott - ¡Oh, maldito seas, John Bishop! ¡Siempre tu adorado Keats!

Bishop y Wilson cambian una mirada burlonamente cómplice. Scott se apoya en el respaldo del asiento de Bishop.

Scott - No sé para qué sirven amigos como vosotros. Al menos Gauss aprecia mi talento.

Wilson - No seas cruel, Scott. Nosotros, también. Ya te lo he dicho muchas veces: tú eres un simple con la mala suerte de saber escribir con maestría sobre ideas y estética sin tener ninguna de las dos cosas. *(Ríe su ingenio).*

Bishop - Vamos, Edmund. No seas tan sincero. Tienes que reconocer que aprecias el talento de Scottie. Recuerda que fuiste tú el que se encargó de que le publicaran aquello de "Laureles fantasmas".

Scott - Así es. Y "La prueba". Tu fuiste el que lo sacó en el Nassau Literary Magazine.

Wilson - Muchos me tacharon de loco por publicar algo de un chistoso gacetillero del Tiger.

Bishop - *(Siempre burlón)* Pero autor de Fie¡Fie!Fi,Fi! *(Sonriendo ahora a Scott)* Al menos a Scott le representaron aquella obra. Tú en cambio abandonaste la tuya...

Scott - *(Apuntándole).* "El ojo malvado".

Bishop - Eso. La abandonaste y tuvo que terminarla él. Tú eras incapaz de lograr el ingenio que necesita una opereta.

Scott - *(A Bishop)* Recuerda, Joseph, que aquello era demasiado frívolo para el espíritu intelectual del señor Edmund Wílson. El sólo hace literatura de alta escuela...

Wilson - Por supuesto. Yo no me vendo a lo mundano como tú, señor Fitzgerald ¿O te has olvidado ya de tus sueños de ser una estrella del football?

Bishop - Sus pretensiones deportivas fueron sólo un símbolo de su ambición.

Scott - *(Doctoral, pragmático, paseando de sillón a sillón)* Claro que sí. El football es casi tan importante como el estudio en Princeton. Es un objeto de conocimiento tan fundamental como puede serlo la prosa de Tarkington.

Wilson - ¿Ah, sí?

Bishop sonríe, indulgente. Wilson se arrellana en su asiento simulando con ironía el apasionado interés de un pupilo.

Scott - Al fin y al cabo, el football es el símbolo de la violencia de la vida americana, de la ausencia de madurez en el hombre, del fracaso cultural de nuestro siglo...

Wilson - *(Levantándose)* Del culto al músculo y de la ambición de hermosas conquistas para bailar con ellas.

Bishop - *(Divertido)* Eres un escéptico, Edmund.

Wilson - Y tú un cínico. Debería haberte conocido Oscar Wilde.

Scott - *(Las manos en los bolsillos, todo seguridad)* ¿Sabéis? Algún día escribiré toda una novela demostrando el valor del football en la formación universitaria.

> *La luz inicia su descenso en el escenario posterior y la parte anterior, la habitación, pasa de la oscuridad a la penumbra, distinguiéndose una silueta en movimiento. La música también baja su tono. Es un proceso inverso al cambio de iluminación antes descrito.*

Bishop - *(Falsamente soñador)* ¡Vas a escribir tantas novelas!

Wilson - *(Igual)* Algún día otro Gauss hablará de ti a bobos alumnos.

> *En la zona anterior se ve ya a SHEILA, haciendo la cama. La figura del fondo se levanta, indefinida siempre, y se coloca tras Scott en postura similar a la de éste, como si fuese su sombra.*

Scott - Y de ti, Edmund. O de ti, Joseph. Hay algo en nuestros corazones que no veo en los de las masas de incultura que pasean por el campus.

Wilson - *(Riendo)* ¡Oh, Scottie! ¡Eres todo poesía!

> *Con esta frase, caen las sombras en el escenario posterior. Sheila sigue poniendo orden en la habitación. Es una mujer joven, algo espingada, bonita a su manera, aun llevando ropas sencillas se le advierte elegancia. La música que ha sonado a lo largo de toda la conversación anterior como fondo, decae y desaparece.*

Al poco, entra Scott por la puerta. Lleva una chaqueta de tonos claros, el mismo pantalón, pero distinta camisa. A pesar de ir más peinado y con mejor expresión no logra parecer más joven que al principio.

Scott - Ah, hola, Sheila ¿Por qué haces eso? ¿Es que no puede hacer camas Mrs. Faxwell?

Sheila - Oh, no me importa ¿Qué ha dicho el doctor Farrow? ¿Va todo bien?

Scott - *(Sin darle importancia)* Quiere hacerme otro cardiograma. Lo malo de los médicos es la reticencia que muestran a dejar escapar un cliente.

Sheila - Paciente.

Scott - Oh, no, no. Cliente. Pocos médicos se han dado desde Hipócrates que vean en la persona un paciente y no un cliente.

Sheila sonríe. Scott va junto a la mesilla y la abre. Al verlo, la sonrisa se congela en el rostro de Sheila.

Scott - ¿Y tú? ¿Qué tal todo?

Sheila - Bien.

Scott saca de la mesilla vaso y botella y se sirve. Sheila no logra disimular lo que esto le contraría

Sheila - He encargado las entradas para ver "Eso que llaman amor".

Scott - *(Da un traguito al vaso, la botella aún en la mano)* ¿La de Melvyn Douglas?

Sheila - Ajá.

Scott - Un melodrama barato, supongo *(Suspira)* En fin, Hollywood sabrá lo que se hace.

Hay una pausa. Scott vacía su vaso y Sheila no aguanta más tiempo callada.

Sheila - Scott, ¿tienes necesariamente que beber desde primera hora de la mañana?

Scott - No me vengas con ésas.

Sheila - No creo que...

Scott - *(Repentinamente iracundo)* ¡No me vengas con ésas!

Sheila, ofendida y dolida, se vuelve hacia la izquierda, dándole la espalda.

Scott - *(Agresivo)* He bebido toda mi vida. He vivido borracho. He escrito, amado, enfermado y viajado borracho. Ya no es tiempo para oír sermones. Nunca me ha gustado que me moralicen los más inmorales.

Sheila - Scott...

Scott - Ni sucedáneos de madres con falsas recriminaciones.

A la derecha, un foco, de tono similar al de las escenas que tienen lugar en el escenario posterior, ha iluminado a Zelda, que ha aparecido en el espacio muerto de la derecha, indolentemente apoyada contra la pared, en esa esquina del escenario, una irónica sonrisa dibujada en sus labios. No es una mujer hermosa, si bien algo parece recordar que ha sido bella, viste con dejadez y su tez es algo pálida, un tanto enfermiza.

Sheila - *(Aún de espaldas)* Lo siento. No pretendía jugar a ser madre contigo.

Pausa en la que Scott parece arrepentirse de su ataque de ira, pero cuando va a decir algo conciliador habla Zelda.

Zelda - Al fin y al cabo, sólo es un traguito, ¿no, Scottie?

Scott se vuelve y el verla le conmociona tanto como cuando vio a su padre.

Scott - Dios mío, Zelda, ¿qué haces tú aquí?

Zelda - *(Abandonando el irreal haz de luz, avanzando al centro del escenario)* Oh, tenía ganas de tomar una copa y me dije: ¿dónde mejor que con mi querido marido?

Sheila - *(Volviéndose. Ella no ve a Zelda)* Tal vez quieras que te deje solo, Scott. *(Zelda la observa, altiva).*

Scott - *(Aturdido. A Sheila)* Oh, eh... no, no.

Sheila - Tal vez tengas razón...

Zelda - Claro que la tienes, Scott.

Sheila - *(Que ni la ve ni la oye)*... tú no necesitas consejos.

Zelda - Pues claro que no.

Scott - No tiene importancia, Sheila.

Zelda ridiculiza con gestos las palabras de Scott. Sheila sonríe y cruza el escenario hacia la puerta.

Sheila - ¿Comerás aquí o en el salón?

Scott - Eh... aquí... no... no, iré al salón *(Sonríe, nervioso)* Iré al salón.

Sheila - De acuerdo. Procuraré que no se te moleste en toda la mañana.

Scott - ¿Y bien? ¿Qué quieres tú? ¿Importunarme como un personaje de cuento? ¿Adularme como un muerto? ¿O es que eres tan sólo otra parte de mi locura?

Zelda - ¿Locura? *(Ríe con cierta histeria)* ¡oh, no me hables de eso! Yo no formo parte de la locura de nadie ¡Yo soy la locura!

Scott - Entonces... ¿me he vuelto loco? ¿Es por eso que estás ahí, tan real, tan tangible? *(Zelda ríe, lo cual exaspera a Scott)* ¿Qué demonios me pasa? ¿Por qué... por qué me rodean los fantasmas?

Zelda - Yo sólo quiero que bebas a mi salud.

Scott - ¿A tu salud? Ya hemos destrozado bastante nuestra salud todos estos años, ¿no crees? Tú y tus ganas de diversión, de vivir con intensidad... *(Ríe sin alegría)* Sólo eres un barril de alcohol.

Zelda - *(Imperturbable)* Vamos, Scottie, no seas trágico. Resultas tan aburrido... Vamos, bebe por los viejos tiempos.

Scott - Los viejos tiempos han forjado a este viejo hombre *(Coge la botella que había dejado sobre la mesilla)* Zelda, ¿qué hicimos de nuestra juventud?

Zelda - Oh, vamos, Scottie. Deja alguna vez a un lado el romanticismo. Juventud, juventud... ¿qué es eso realmente? Un mundo lleno de... hermosos y malditos *(Vuelve a reír con estricencia)* Venga, toma una copa.

Scott se llena el vaso.

VOZ DE ERNEST - *(Desde el fondo del escenario)* Deja ya de jugar, Scott.

Scott se vuelve, sorprendido. Zelda se pone seria.. De las sombras del escenario posterior surge ERNEST Hemingway. Lleva ropa de caza: botas, pantalón de paño, jersey de lana, todo verdoso. Su pelo es negro y corto y una fina barba cubre sus mejillas. Es un hombre robusto, de mirada tranquila.

Scott - *(A Ernest)* ¿Por qué todos decís lo mismo?

Ernest - Tal vez no hayas dejado de ser nunca un niño que juega. Ayer, con la pelota. Hoy, con la botella.

Zelda - *(Desafiante. A Ernest)* ¿Jugar? ¿Y tú?

Ernest - ¿Yo?

Zelda - Sí. ¿Qué es para ti la botella? *(A Scott)* No te dejes vender historias. Tú no eres ningún hijo pródigo. Ni ningún maldito, Scott. Ahí tienes a Hemingway. Otro romántico. Como tú. Del viejo París *(Ríe. A Ernest)* ¿Es que tú no bebías? Oh, no. Tú tenías otra religión: tu bohemia, tus toreros, tus esposas...

Ernest - Sólo pretendo...

Zelda - ¿Qué? No le vengas con consejos a Scott. No necesita que le sigas tratando como a un escritorzuelo.

Scott - Zelda...

Ernest - *(A Scott)* No, no. Déjala. ¿Quieres saber algo Zelda? Yo aprecio a Scott, lo valoro tal vez más de lo que tú misma eres capaz. Por eso creo que debe dejar de jugar ¿A qué lleva el alcohol? ¿A sentirte más perdido aún? ¿A despertar una mañana con dos tiros en la boca o encerrada en un manicomio? Scott aún no ha llegado a eso, aún tiene en su pluma grandes frases que se agolpan por salir... si no se ahogan en alcohol.

Zelda - *(Despectiva)* Palabras...

Ernest - ¡Verdades!

Scott - *(Como un niño confuso)* ¿De veras lo crees, Ernest?

Zelda - ¿Lo crees tú, Scott? Maldita sea, dejemos esto y echemos un trago. *(Va hacia la mesilla)* ¡Escritores! París no era una fiesta, Hemingway. No lo era.

Ernest - ¿Lo es América? ¿Lo es Hollywood? O, mejor, dime tú, Zelda... o tú, viejo Scottie... vosotros que tanto sabéis del tema: ¿dónde está la fiesta?

Scott - *(Abatido)* No lo sé...

Zelda - En la Riviera, en Cannes, en Niza... ¡allí estaba nuestra fiesta! *(Gira sobre sus talones, entusiasmándose)* ¿Lo recuerdas, Scott? Toda aquella gente rica, rusos, árabes, príncipes y estrellas de cine...

Ernest - Tonterías.

Zelda - *(Ignorándole)* ... la vida servida en bandeja de plata...

Scott - ¡Basta! *(Salta, a través de la cama, al escenario posterior)* ¡Basta! ¡Basta! ¡Basta! *(A ambos, furioso)* No quiero oír más vuestra estúpida monserga. "Deja de jugar, Scott" "Un traguito, Scott" ¿Qué buscáis? ¿Qué queréis de mí? Déjame, Hemingway, vete con tus historias sin adjetivos y tu ascetismo de café. Y tú, Zelda, olvídate de mí y del hombre que bailaba de París a Niza sin un centavo para comer. ¡No quiero más sueños! ¡La fiesta murió!

> *Según grita Scott la última frase, el escenario se ilumina bruscamente y un vigoroso charleston suena con fuerza. En un instante, surgen tanto del fondo del escenario como de las esquinas anteriores de derecha e izquierda y de la puerta jóvenes de ambos sexos que hablan, bailan y tontean, con copas en sus manos, vestidos ellos de smoking y ellas de fiesta. A Scott y Ernest les rodea un grupo que baila el charleston. A Zelda le coge un chico por la cintura, le besa el cuello, ella ríe y él se la lleva de escena por la izquierda. Hemingway también desaparece por el fondo sin que se advierta y sólo queda Scott, confuso y aturdido, en medio del jaleo. Una chica le da una*

*copa y parece proponerle bailar, pero él la rechaza con un
ademán. Sus ropas sencillas contrastan con el refinado ambiente.*

*Tras unos instantes de jolgorio, una joven, GINEVRA, entra
con dos apuestos muchachos por la derecha y se detiene en el
centro del escenario anterior, riendo con sus acompañantes.
Puede oírsela decir cosas como "¿De veras?", "oh, no seas
bobo". A su lado, todas las chicas quedan deslucidas. Pronto
es centro de atención de otros dos muchachos. Su vestido de
charleston es extravagante y sencillo a la vez, su pelo tiene el
color dorado de la paja, su rostro es aniñado pero vivo, sus
gestos seguros, invitando y rechazando en cada ademán. Es
el reflejo de su época.*

*Scott se fija en ella al instante. Decidido, baja al escenario
anterior, aparta a un chico y se detiene junto a ella, que habla
a otros admiradores.*

Scott - Tienes que ser tú.

Ella no le escucha.

Ginevra - *(A otro muchacho)* Te prometo que no saldré con él
mañana. Además, ¿a quién le gusta montar a caballo?

Scott - Eres tú, ¿verdad que sí?

Ginevra - *(Mira a Scott apenas un instante)* ¿Qué? *(Vuelve a hablar
con el otro chico)* Prefiero ir a ver tu partido de tenis.

Joven 1o. - ¡Oh, Ginevra, me gustaría tanto! Te llevaré el trofeo a las
gradas si estás.

Ginevra ríe.

Scott - *(Dándole una palmadita en el hombro. Cuando ella le mira.)*
Hola, me llamo Scott.

Ginevra - *(Sin fijarse mucho)* ¿Qué tal?

Joven 2o. - Ginevra, baila este rag conmigo.

Scott - *(Al joven 2o.)* Perdona, estoy hablando con ella.

La decisión en la voz de Scott hace que Ginevra se fije de verdad en él por vez primera.

Scott - Francis Scott Key Fitzgerald *(Con su sonrisa más encantadora)* Tú eres Ginevra King, ¿verdad? La compañera de habitación de Marie Hersey en Westover.

Ginevra - Así es, Francis Scott Etcétera Etcétera.

Scott mira a los tres o cuatro admiradores que les rodean

Scott - Oye, ¿es que a las princesas no os deja jamás en paz la escolta?

Ginevra ríe frívolamente y Scott le secunda en sus risas.

Ginevra - *(A los admiradores)* Chicos, éste es un viejo amigo de la infancia. Dejadnos un poco a solas, ¿vale?

Los jóvenes se retiran sin perder sus sonrisas y se unen al resto de la fiesta, que continúa por todo el escenario. Al fondo del escenario posterior ha aparecido la misma silueta que en la escena de Bishop y Wilson. Permanece de pie, en la penumbra, como contemplándolo todo.

Ginevra - ¿Eres amigo de Marie? Nunca he oído hablar de ti.

Scott - No, estoy aquí, en Saint Paul, durante el invierno *(Pomposo)* Estudio en Princeton.

Ginevra - *(Sin impresionarse)* ¿Ah, sí? He salido con varios chicos de Princeton. Wesley Hooker, Sam No-sé-qué... ¿Eres del equipo de fútbol? ¡Adoro el fútbol!

Scott *(Embarazado)* No. Pero escribo en el Lit.

Ginevra - ¿El qué?

Scott - *(De nuevo pomposo)* The Nassau Literary Magazine.

Ginevra - Vaya, un escritor *(Indiferente)* Yo tampoco vivo aquí. Sólo estoy pasando el fin de semana. En casa de los Ellis.

Scott - Sí, ya lo sabía.

Ginevra - *(fingiendo contrariedad, pero encantada)* ¡Vaya! Parece que sabes muchas cosas sobre mí, señor Francis Etcétera.

Scott - Lo suficiente. Por ejemplo, sé que eres la chica más admirada de toda la costa Este.

Ginevra ríe encantada, muy halagada.

Scott - *(Con juvenil porte)* Tu nombre inunda toda conversación sobre chicas en Princeton.

Ginevra - *(Creyéndoselo)* No lo creo.

Scott - *(Envalentonándose)* En realidad, si he venido a esta fiesta maldita ha sido por conocerte a ti, sólo por eso.

Joven 3o. - *(Desde el escenario posterior)* ¡Vamos, Ginevra! ¡Ven a bailar!

Ginevra - *(Volviéndose)* ¡Voy! *(A Scott, sonriéndole)* Lo lamento, no puedo dedicarte toda la noche.

Scott - ¿Podrás dedicarme algún otro rato? ¿Qué te parece si mañana vamos juntos a nadar?

Ginevra - Lo siento, estoy citada con Lenny Rosen.

Scott - ¿Y el domingo? ¿Podríamos...?

Ginevra - Oh, señor Etcétera, no lo sé. *(Yéndose)* Creo que he concertado ya mil citas. Necesito días de cuarenta horas. *(Ríe)*.

Scott - *(Con ella ya lejos. Alzando la voz para hacerse oír sobre la música)* ¿Y si no te veo, puedo escribirte a Westover?

Ginevra - ¡Seguro que me verás¡

Del fondo sale un Joven 4o.

Joven 4o. - *(A todos)* ¡Eh, vamos a bailar al borde de la piscina! ¡Es una noche preciosa!

Las chicas dan grititos de alegría, se cogen de la mano de los chicos y todos corren y desaparecen por el fondo. Sólo la silueta sigue quieta. Cuando salen los últimos, la música se detiene bruscamente y la luz cae al tono normal. Las sombras ocultan la silueta en el escenario posterior. En el anterior,

Scott vuelve a llevar a cuestas sus cuarenta años. Da unos pasos sin rumbo por el escenario, apura la copa que lleva en su mano y se sirve otra con la botella de la mesilla. Da un trago y se deja caer en la cama, donde mira el techo cansado y pensativo. Tras una pausa, se oyen unos golpecitos en la puerta. Scott tarda unos instantes en contestar.

Scott - *(Con voz cansada)* Sí, adelante.

La puerta se abre con lentitud y Basil asoma la cabeza.

Basil - ¿Puedo pasar?
Scott - *(Sin mirarle, cansino)* Adelante.

Basil entra seguro de sí mismo. Lleva bajo el brazo un gran libro de pocas hojas y gruesas tapas de cartón. Scott le mira desde la cama sin apenas moverse.

Scott - ¿Qué traes ahí?
Basil - *(Deteniéndose junto a la cama)* Tu libro de cuentas, ¿recuerdas? El diario en que anotabas todos tus gastos e ingresos. Era como la voz de tu conciencia.

Scott se incorpora en la cama, interesado.

Scott - Déjamelo ver.

Basil se lo da. Scott lo toma y, en silencio, pasa su mano con delicadeza por la cubierta del libro, una sonrisa apenas dibujada en su rostro.

Scott - Un monumento a la nostalgia *(Sonríe más)* Zelda y yo nos prometíamos continuamente el uno al otro no derrochar, pero nunca logramos ahorrar *(Suspira)* Echábamos un vistazo a este maldito libro y ya estaba en marcha una discusión. *(Nostálgico)* Pero nos divertíamos, sí, nos divertíamos.

En el escenario posterior las sombras van volviéndose penumbra. Sin poderlos distinguir, dos hombres, copa en mano, fumando, con aspecto elegante, de pie en el centro.
Scott abre el libro y repasa las hojas bajo la mirada de un Basil comprensivo.

Hombre 1o. - Yo creo que ese joven no durará mucho en el mundo de las letras. ¿Qué edad dices que tiene?
Hombre 2o. - Alrededor de los veinticinco. Dicen que es un tipo muy curioso ese Fitzgerald. ¿Leíste lo que el Times contaba de él el otro día? Por lo visto, se presentó en un estreno de Broadway con su mujer, los dos bastante bebidos, y se empeñaron en entrar en la sala haciendo el pino.

Los dos sueltan sonoras carcajadas. Scott se detiene en una hoja del libro.

Scott - Aquí está anotado *(Señala algo en el libro)* El abrigo de petigrís de Zelda. *(A Basil)* Era la última moda en París, compréndelo *(De nuevo, nostálgico)* Tuvimos más de una discusión por aquel abrigo. Fue antes de irnos a Cannes, creo recordar. ¡Ah, la Costa Azul!
Hombre 2o. - Han sido portada del Heart's International. Dicen que en su casa de campo se celebran las mejores y más disparatadas fiestas de todo Nueva York.

Scott se levanta, deja el libro en la cama y se sirve una copa.

Scott - Tengo que escribir algo.
Basil - ¿Puedo ayudarte?
Scott - *(Yendo hacia la mesa)* ¿Tú? Oh, no. Ya he dejado las historias de jovencitos sabelotodo.
Hombre 1o. - *(Dando unos pasos por el escenario posterior)* Yo oí que en un restaurante en que cenaba con unos amigos se empeñó en abrir con una sierra a un camarero para ver si en vez de huesos lo que tenía dentro eran propinas.

Los dos ríen. Scott se sienta ante la mesa, toma la pluma y saca
algunas hojas de un cajón. Basil se sienta en la cama.

Hombre 2o. - Tal vez no perdure, pero todo el mundo está pendiente
del joven Fitzgerald.
Hombre 1o. - Sólo es un borracho excéntrico. No hace mucho, tengo
entendido que era un muerto de hambre, un agente publicitario sin
pan que llevarse a la boca.
Hombre 2o. - Un universitario fracasado. *(Ríe)* Qué romántico...
Hombre 1o. - Ya veremos si es capaz de escribir una novela tan buena
como la primera.

Las sombras vuelven a caer en el escenario posterior, Scott
deja de leer las hojas que ha cogido, las suelta y se frota los
ojos. Por la zona izquierda del escenario, junto a la mesa,
*entra Ginevra, que ahora es **Josephine**, menos atractiva y con*
un vestido y un peinado más sencillos.
Scott levanta la vista y la ve nada más entrar.

Scott - ¡Ginevra!
Josephine - *(Algo sorprendida)* No, no, te equivocas. No soy Ginev-
ra. Soy Josephine.
Scott - *(Desalentado)* Josephine... Por un momento pensé... Pero sólo
eres Josephine.
Josephine - *(Suspira)* Otro absurdo personaje literario *(Vuelve a*
frotarse los ojos) ¿Qué quieres de mí?
Josephine - ¿Y tú de mí?
Scott - *(Sorprendido)* ¿Yo?
Josephine - Si, Si yo estoy aquí... *(señala a Basil, sentado aún en la*
cama, sin hojear ya el libro de cuentas) ... si él está aquí... es porque
algo en tu interior nos llama, algo quiere vernos, oírnos, saber algo de
nosotros.
Scott - *(Sonríe divertido)* No recuerdo palabras tan serias en tu boca,
jovencita. Por cierto *(se levanta)*, no creo que os conozcáis vosotros
dos. Josephine, éste es Basil. Basil, Josephine.

Basil se levanta de la cama

Basil - Hola.

Josephine le sonríe.

Scott - Mi idea fue siempre reuniros en alguna historia. A vosotros, las dos almas de mi juventud. Mi joven soñador y mi sueño romántico. *(A Josephine)* Nunca tuve tan cerca a Ginevra, como cuando escribía tus relatos, Josephine. Y tú, Basil *(Se acerca a él)*, tú puedes comprenderme. Yo te hice enloquecer por Cleopatra como enloquecí yo por mi diosa Ginevra, que algún Lancelot me robó. ·

Scott hace una pausa soñadora.

Josephine - En nosotros está tu juventud, Scott. Esa es la razón por la que ahora nos llamas.
Scott - *(Terco)* ¡Yo no os he llamado!
Josephine - ¡Sí, lo has hecho! Buscas a través de nosotros volver a aquellos años de fines de semana en bellas mansiones y cartas de amor a Ginevra, ¡necesitas recuperar tu juventud! Es la única tabla que puede ya mantenerte a flote.

Scott la mira, enfureciéndose por momentos.

Basil - Mirad, no creo que haga falta...
Scott - *(A Basil. Sin dejar de mirar a Josephine)* Cállate.
Josephine - Yo no vengo a reírme de ti, a atacarte o a compadecerte, Scott. Yo vengo a abrirte los ojos, a que comprendas porqué la imagen de Basil te persigue. Te sientes viejo, Scott, el alcohol ya no te hace reír. Desearías volver a la época en que tu meta era ser un escritor famoso a los veinticinco años.
Scott - *(Estallando al fin)* ¡Yo no deseo nada! ¡Nada! Sólo quiero que me dejéis en paz. Tú, jovencita inteligente. Y tú pequeño sabio ¡Y todos los demás! Quiero descansar, escribir, olvidar... quiero seguir siendo quien soy y no un fantasma más. *(Desesperándose)* No

puedo vivir rodeado de voces que me insultan, tientan, recriminan o perdonan... Sólo soy un hombre, pero tengo piel y huesos y no quiero que me los saquéis a tiras.

Josephine - Tienes miedo, Scott.

Scott - *(Con todas sus fuerzas, entre el grito y el sollozo)* ¡Vete!

> *Josephine y Basil retroceden, ella hacia·la izquierda, él a la derecha*

Scott - ¡Marchaos u os quemaré como voy a quemar todos mis recuerdos! ¡Haré que el fuego devore mi memoria! ¡Quiero vivir tranquilo! ¿Es que pido demasiado?

> *Basil hace mutis por el espacio de la derecha. Josephine está a punto de salir por la izquierda, pero se vuelve.*

Josephine - Nos vamos, Scott. Cálmate ya. Pero seguro que nos harás volver. Recuérdalo: somos la juventud.

Scott - *(Agotado)* La juventud es una mentira. Como tú, Josephine. Sólo eres la mentira de Ginevra. La reina maravillosa de Camelot no existe.

> *Se miran en silencio. Scott, rendido. Ella, firme pero con aprecio. Luego, sale Josephine. Scott se queda de pie, mirando al suelo, la respiración agitada.*

Scott - No, sé que no busco nada. Sé que no. No hay nada que buscar en mi juventud. No lo hay.

> *El escenario posterior vuelve a tornarse penumbra. Una pareja baila al son de una música inexistente. El es la silueta de siempre, hay algo en él que lo hace inconfundible, a pesar de que ahora se advierte que lleva smoking. Ella lleva un vestido de charleston largo y una cinta rodea su corto y ondulado cabello. En la cintura, un lazo cuelga del vestido. Forman una hermosa pareja de vals.*
> *Suena un golpe en la puerta y entra, sin esperar, Sheila.*

Sheila - ¿Qué haces ahí de pie, Scott?

Scott - Hola, Sheila.

Sheila - ¿Te ocurre algo?

Scott - ¿Eh?... no... nada...

Da unos torpes pasos y se sienta en la silla

Sheila - Perdona que te interrumpa. Llamó la secretaria del señor Crossman, desde los Estudios. Querían saber si podrías ir mañana. Han tomado ya una decisión sobre tu guión.

Scott - Supongo que querrán que me lo coma y les escriba una historia de mosqueteros para Fairbanks...

Sheila se le acerca y apoya sus manos en el hombro de él.

Sheila - *(Sonriendo)* Vamos, Scott. Ya verás como lo aceptan. Además, dentro de poco ya estará terminada tu novela y podrás dejar Hollywood. O se pegarán por tus guiones.

Al fondo, la pareja se da un perfecto beso.

Scott - *(Posando una mano sobre las de Sheila)* Sí, se pegarán, se pegarán... *(Suspira)* La novela será un éxito...

Sheila mira con cariño a un Scott pensativo y la pareja continúa en su mágico beso mientras cae el

TELON

ACTO II

Escena I

El escenario anterior está a oscuras. En el escenario posterior, con una luz tamizada que recuerda los rayos del sol, Scott y Zelda: ella, sentada en un sillón, lee un libro y de vez en cuando hace anotaciones en él con una pluma; Scott está de espaldas, como mirando por una ventana imaginaria. Como complemento a la escena, frente a Zelda hay una mesita baja con dos vasos y dos botellas y, al otro lado de la mesa, ante Scott, otro sillón.

Scott - Un parricidio.

Zelda - ¿Eh?

Scott la mira un instante pero vuelve a fijarse en la invisible montaña.

Scott - Un parricidio: una madre posesiva, un hijo desorientado...
Zelda - *(Poco interesada)* Oh, hablas de la novela.
Scott - Claro, ¿de qué si no? Le he estado dando vueltas. Hay algo en lo del parricidio que no me termina de gustar. Creo... creo que es una huida fácil, un final forzado. No sé...

Se vuelve, se sienta en el borde del sillón y se sirve una copa.

45

Zelda - Scott, llevas cinco años dándole vueltas a la misma historia. ¿Es que no te vas a cansar ya de ese niñato asustado empeñado en matar a su mami?

Scott - *(Ignorándola)* He pensado que para el personaje central podía tomar a Gerald Murphy por modelo. El título sería algo así como "Nuestro tipo". Voy a escribir a Perkins sobre ello.

Zelda parece irse interesando. Deja el libro sobre sus rodillas y mordisquea la pluma.

Zelda - ¿A Gerald? ¡Oh, vamos!

Scott - ¿Por qué no? ¿No te parece una persona lo suficientemente interesante?

Zelda - Ya salió aquello...

Scott - *(Levantándose)* Gerald es todo un ejemplo de contradicción. Un gentleman rey de la bohemia. Amigo de Picasso, de Diaghilev, de Stravinsky, casado con una dama de la más pura aristocracia británica... ¿Te has fijado en sus maneras, su tranquilidad al hablar, su clase...? Y, a la vez, tan decadente como cualquier artista de los suburbios de París, tan desencantado...

Zelda - Tan romántico, ¿no es eso?

Scott *(Excitado)* ¡Por supuesto!

Zelda - *(Algo, casi imperceptiblemente, burlona)* Otro Gatsby.

Scott - Sí y no. Hay algo en él... no sé... Es... tan dramático, tan novelesco. Es un gran amigo y un gran desconocido. El tipo perfecto para un muchacho que acaba asesinando a su madre, después de fracasar en Hollywood, de mezclarse con borrachos...

Zelda - ¿En quién te inspirarás para los borrachos? ¿En ti y en mí? Los depravados amigos del maravilloso Gerald... *(Suelta una fría carcajada).*

Scott - Creo que puede salir una gran novela. Es sólo lo del parricidio lo que...

Zelda suspira, deja el libro en la mesa, se sirve una copa.

Zelda - Sospecho que te pesa demasiado la responsabilidad de "El gran Gatsby" para volver a escribir una novela.

Scott - ¡Pues claro! La gente espera algo grande ahora. ¿Quieres que vuelva a leerte la carta de Henry James? Ahora soy un escritor admirado. A James, "El Gran Gatsby" le pareció magnífica ¡Y a Elliot! ¡Gauss dice que es una obra maestra! ¡Claro que siento responsabilidad! Tú no puedes entenderlo, Zelda ¿Quién ha alabado tu maldita novela?

Zelda ha escuchado con una sonrisa irónica, pero la última frase le provoca un brinco que le pone en pie, rabiosa la mirada. Su copa ha caído al suelo, derramando la bebida.

Zelda - Vete al diablo, Scott ¡Vaya! Así que ahora el chico bonito es la gran esperanza de la novela americana. Bishop, Wilson, Scott Fitzgerald... ¡la generación de los genios! Ve a abrir la puerta, a lo mejor viene Henry James a besarte los pies. Pero procura no portarte con él como con Edith Wharton *(Ríe algo histérica).*

Scott - *(Algo aturdido)* ¿A qué viene eso?

Zelda - *(Aún furiosa, pero burlona de nuevo)* ¡Oh! ¿Ya lo has olvidado? Haz memoria, cariño. Fue en junio *(Scott se va turbando por instantes)* Ella quería conocer al nuevo artista de la palabra, al sucesor de James...

Scott - Zelda...

Zelda - Fuimos a almorzar a su casa, pero tú estabas tan nervioso que, a mitad de camino, ya te habías emborrachado. ¡El maravilloso escritor! Llegamos a la hora del té. Una reunión importante. Y el gran intelectual de estrella ¡Todos quieren oírle hablar!

Scott - ¡Zelda!

Zelda - ¿Es que no te gusta recordar a la gente importante que te admira? *(Mimificando con exageración lo que dice)* Allí estás tú, dispuesto a deslumbrarles "Señora Wharton", le dices muy solemne, el problema de su vida en este castillo es que pierde contacto con la vida que hay fuera". "¿Ah, sí", dice ella. "Sí", dice el gran Scott, "¿me permite que les cuente una anécdota?" "Adelante", dice ella. *(Scott le da la espalda, molesto)* "Hace poco, unos amigos míos se alojaron en

47

un extraño hotel en la Costa Azul. "¿Extraño?" pregunta ella. "Muy extraño", dice el gran escritor, "Pronto advirtieron que ningún huésped, aparte de ellos, pasaba en él más de una noche y nadie llevaba equipaje". Scott Fitzgerald hace un silencio muy teatral y añade: "Se habían alojado en una casa de citas".

Zelda ríe alocadamente. Coge el vaso que Scott ha dejado en la mesa y se bebe su contenido de un trago. El sigue de espaldas, luchando por ignorarla.

Zelda - Todos creían que la historia continuaba *(Vuelve a reír. Con tono pomposo)* "¿Eso es todo?" dijo la Wharton "Una historia muy pobre, señor Fitzgerald. Un escritor debe saber algo más: quiénes eran todas aquellas personas, qué les había llevado a acudir allí, cuál era su manera de comportarse... Una historia muy pobre". *(Riendo)* ¡Te dejó mudo para el resto del día! *(Casi llorando de risa)* A mí no me lee gente tan importante como a ti, Scottie, pero así me evito defraudarles.

Scott se vuelve, le mira con calma, tal vez con rabia contenida, las manos en los bolsillos.

Zelda - Tal vez el gran Scott Fitzgerald resulte algo decepcionante. Incluso tu adorado Gerald empieza a darse cuenta de ello. Reconócetelo, Scott. Empieza a preferir la amistad de Hemingway a la tuya. Es un chico menos escandaloso, al fin y al cabo. El no tira ceniceros a la gente, como hiciste tú en su última fiesta. Tus escándalos son... tan terribles...

Zelda, satisfecha, se deja caer en el sillón de Scott.

Scott - *(Tranquilo)* ¿Mis escándalos? ¿Y los tuyos, cariño? No me hables de borrachos, Zelda. No me hables de decepciones ¿Crees que los Murphy no les decepcionaste en aquel club de Niza, bailando tú solita en la pista con la falda subida por encima de la cintura? *(Sarcástico)* Tú tampoco te pareces mucho a las heroínas de tus incomprendidas novelas. Ni siquiera eres una gran bailarina, como ellas.

Zelda - *(Dolida)* ¿No me parezco a Isadora Duncan? ¿Cómo te llamó aquella noche en La Paloma de Oro? "Mi centurión" *(Ríe)* Y tú arrodillado a sus pies.

Scott - Mientras tú te tirabas por las escaleras para llamar la atención ¿O fue un intento de suicidio? ¿Tenías celos de la gran bailarina?

Zelda - ¿De esa vieja con el pelo rojo bermellón? Ja, ja.

En los últimos instantes la luz ha empezado a descender. Es como un rápido crepúsculo. Los rayos de sol se van haciendo más suaves por instantes, poco a poco. Esto parece influir en el ánimo de los personajes, que se relajan también. El aire de disputa parece cesar. Zelda mira el vaso vacío que sostiene en la mano, arrellanada en el sillón. Scott da unos pasos por el escenario, meditabundo.

Scott - *(Totalmente calmado)* En realidad, todo se reduce a un sencillo dilema. La escritura y la vida. Son dos caminos distintos. Por un lado, el retiro, la soledad, el rumor del oleaje en una playa vacía, la capacidad de pensar que te ofrece un tranquilo caserón. El escritor convertido en monje de clausura, en ermitaño, a solas con sus personajes, luchando con cada frase. Así nació Gatsby, ¿te acuerdas Zelda? Yo... yo me había convertido en un verdadero escritor. Llevaba una vida tranquila, sin resacas ni gritos. Sólo pensamiento, reflexión, trabajo. No hay otro camino para el escritor.

La luz ha caído del todo, sumiendo todo el escenario en sombras, excepto un irreal haz que ilumina tan solo la figura de Scott.

Scott - Pero luego aparece el otro camino. El camino del caballero. Toda la sociedad sacándote a empujones del claustro. Almuerzos, fiestas, viajes, bourbon y ragtime. La vida veloz, la que te hipnotiza, la que no te deja parar. La que te lleva de una borrachera a otra, de una zambullida en el mar desde diez metros de altura a un coche que toma curvas peligrosas a toda velocidad *(Se sienta en el borde de la mesita)* La vida del dandy. El héroe social, siempre feliz, siempre sonriente.

Sin levantarse, gira hacia Zelda, ahora iluminada al entrar en el campo del haz que envuelve a Scott.

Scott - Tú lo sabes, Zelda. Tú eres la meta de mis dos caminos. Tú eres la esposa amante del escritor y la compañera risueña del dandy *(Sonríe)* ¡Pero no pueden recorrerse los dos caminos a la vez! *(Se levanta con brusquedad, como enfurecido por sus propias palabras. Con ira)* No se puede vender el alma a dos diablos distintos. Hay que elegir ¡Elegir, elegir! Hay que tomar un camino: el dandy, el caballero, el artista, el poeta... ¿Cuál es el camino? ¿Cuál?

La oscuridad cae con brusquedad en el escenario posterior. En el escenario anterior entran por el espacio muerto de la izquierda los mismos Hombre 1o. y Hombre 2o. del acto anterior. Todo el escenario permanece a oscuras, sólo un haz de luz, como antes con Scott, les ilumina estrictamente a ellos. Van vestidos con ropas deportivas y caminan por la primerísima línea anterior del escenario con la tranquilidad de un paseo.

Hombre 1 - Tal vez estemos equivocados, tal vez le quede todavía una esperanza a la novela americana.

Hombre 2 - ¿Te refieres a Scott Fitzgerald? *(Se lo piensa)* Demasiado burgués, algo lejano, la gente quiere una literatura más localista, menos soñadora...

Hombre 1 - "El gran Gatsby" es una gran novela.

Hombre 2 - El defecto no es su literatura, es su personalidad. ¿Has oído lo que ha declarado a la prensa Grace Moore, la actriz? Durante su última visita a París, Fitzgerald se empeñó en filmarle el trasero siempre que podía durante su estancia en el Hotel du Cap. *(Los dos hombres ríe)* Fitzgerald es sólo un borrachín con talento.

Hombre 1 - Lo cual es más de lo que se puede decir de su mujer. Ni siquiera sabe escribir, sólo beber, enfermar, fracasar como bailarina y enamorarse de aviadores franceses... ¡Menuda pareja!

Hombre 2 - Fitzgerald no es un escritor, es un niño travieso.

Hombre 1 - Hace poco leí una crónica en el Hearts sobre un acto social en que estaba él, una gran cena de lujo en la Costa Azul. Se pasó toda la noche metiéndole hielo a las señoras en el vestido y rompiendo vasos contra las paredes. Le presentaron a un joven escritor, no recuerdo su nombre, y fue Fietzgerald y le preguntó: "Usted es homosexual, ¿verdad?. El tipo le dijo que sí sin inmutarse *(Ríe)* Nuestro héroe se convirtió en el ridiculizador ridiculizado.

Hombre 2 - ¿Y a un tipo así le llamas la última esperanza de la novela americana? Mucho debería cambiar su vida para que así fuese. El alcohol no escribe palabras bonitas, sólo garabatos.

Hombre 1 - Una vez separado el trigo de la cizaña creo que hay un buen escritor en ese tipo.

Hombre 2 - ¿Un Joyce? ¿Un Faulkner? ¡Oh, vamos! Fitzgerald es autor de una sola obra, quítale a Gatsby y se convierte en un gacetillero de revistas para quinceañeras.

Por la puerta entran Scott y Basil. Scott, con la ropa algo arrugada, parece borracho. Para caminar, se apoya en los hombros de Basil y trastabillea ligeramente. La luz va inundando muy despacio el escenario anterior.

Hombre 2 - Yo prefiero depositar mis esperanzas en Hemingway. Creo que es un auténtico talento, un joven lleno de ideas.

Hombre 1 - En realidad, es discípulo de Fitzgerald, ¿no lo sabes? Fue él quien logró que publicasen los primeros trabajos de Hemingway...

Basil ayuda a Scott a tenderse en la cama.

Hombre 2 - Pues me temo que el alumno acabará dejando pequeño al maestro.

Riendo, salen ambos por el espacio muerto de la derecha. La iluminación se ha extendido suavemente por todo el escenario anterior.
Scott está tendido en la cama boca arriba. Basil le está quitando los zapatos.

Scott - *(Habla pastosamente, por culpa de la bebida)* ¿Sabes? Después de todo... tal vez tenga que agradecerte algo... ¡Oh, qué sé yo!

Basil le quita los zapatos. Scott se deja hacer, no parece ni enterarse.

Scott - ¿Qué soy? Dime, ¿qué soy? ¿Un dios Baco o algo así? ¿Un arcángel...? *(Ríe)* ¿Sabes que una vez me describió alguien como un arcángel? Oh, no te rías. Hablo en serio. *(Pausa. Repentinamente)* ¿Ha venido contigo esa maldita Josephine? Ella me dirá lo que soy. Siempre ha sido más sincera que tú. Tú eres un ingenuo, asustadizo mequetrefe. Como yo. Pero ella... ella es como Zelda... *(Se incorpora ligeramente)* ¿Te he hablado alguna vez de Zelda? Quiero decir, no de Daisy ni de ningún personaje literario como tú. De Zelda, de la verdadera Zelda...

Sheila entra por la puerta.

Basil - *(A Scott)* Creo que tienes visita *(Con un gesto le indica a Sheila)*
Scott - Que inoportuno. ¿Crees que me olerá el aliento a alcohol? *(Suelta una risita)*
Sheila - *(Acercándose a la cama)* Mrs. Faxwell me dijo que habías vuelto de tu paseo... y algo cambiado, según parece.
Scott - ¡Maldita Mrs. Faxwell! Es una terrible espía. Si los alemanes la hubiesen tenido a su servicio la guerra habría sido muy distinta.

Basil va hacia el lado derecho.

Scott - *(A Basil)* ¿Desapareces otra vez? ¡Ojalá te pierdas en tu maldito mundo de tinieblas!

Basil - Volverás a llamarme, Scottie. Ya lo verás...

Basil sale por el espacio muerto de la derecha.

Scott - *(A sí mismo)* Al diablo... *(Se incorpora hasta quedar sentado. A Sheila)* Pero no te quedes ahí, siéntate.

Sheila ha sacado una pitillera de un bolsillo, saca un cigarrillo y lo enciende.

Sheila - ¿Qué ha sido? ¿Whisky?
Scott - Creo que sí ¿Importa mucho? ¿Sabes una cosa? Cuando me miras con esos ojos inquisidores, como si mirases directamente a mi alma sin que mi cuerpo tuviese valor alguno, me recuerdas a Zelda. ¿Te he hablado alguna vez de ella? Quiero decir, no como personaje de novela...
Sheila - Alguna vez.
Scott - *(Sin escuchar)* De la verdadera Zelda.

Sheila se apoya en el respaldo de una de las sillas. Scoptt, algo excitado, está sentado de piernas cruzadas en la cama.

Sheila - ¿Y cuál es la verdadera Zelda? O, mejor, ¿Hay una verdadera Zelda?
Scott - Oh, no, no, no. La verdadera Zelda no es una, son muchas. Está la pequeña Zelda, la adolescente rebelde, la guapa de la clase que ignora las convenciones, que fuma en público sin avergonzarse por ello, que sueña y vive grandes amores de un día. *(Con ebria excitación, se levanta y pasea por el escenario)* Luego está la Zelda del charleston, la rompecorazones, la cabeza loca que se sabe todos los trucos del romance, que vuelve locos a los soldados que creen ir a morir al frente... Y la Zelda que yo conocí en el Country Club de Montgomery, cuando yo necesitaba un nuevo amor que llenase mi ansia de romanticismo, tras el fin de aquel fulgor que fue Ginevra. Tenías que haberla visto, Sheila. Era una jovencita... una mujer con cara de niña, con belleza que no cumplía los cánones de la época en

53

cuanto a la apariencia que debían tener las jóvenes hermosas y que aún así resultaba irresistible, una... no sé, una diosa dispuesta a apadrinar arcángeles *(Ríe)*.

Sheila - *(Poco impresionada)* La joven rica y el universitario pobre que unen el instinto aventurero de ella y el talento literario de él para cambiar el mundo.

Scott - No te burles...

Sheila - No lo hago. Lo he leído en alguna revista...

Scott - Zelda era la aventura. Ella siempre estaba dispuesta a todo. Recuerdo que en Cannes había una curva muy peligrosa camino de donde vivíamos. Siempre que pasábamos por allí con nuestro automóvil, Zelda me pedía un cigarrillo para hacerme soltar las manos del volante... *(Vuelve a reír con el recuerdo)*.

Sheila - El problema es que tú quisiste vivir con su espíritu de aventura y ella utilizar como propio tu talento literario.

Scott - Zelda era la eterna contradicción: la mujer entusiasta y el ser apático, la que más aguanta bailando y la más enfermiza, la más ingenua y la más desconfiada... Sus ojos aún hoy me siguen pareciendo un enigma, su mirada parece esconder siempre la última verdad.

Sheila - ¿La amas aún, Scott?

Scott - *(Desconcertado)* No es una cuestión de simple amor. Yo lo llamaría armonía. La armonía de los polos opuestos, de las contradicciones enfrentadas. Zelda y yo no tenemos nada en común y somos iguales *(Suspira, como cansado)* Y, ahora, ya ves... ¿para qué todos aquellos años? ¿Para qué los gritos, las peleas, las reconciliaciones, las borracheras y los celos? ¿Dónde está ella? Un maldito manicomio... ¿Y sus novelas? ¿Y sus dotes de bailarina? ¿Y su amor al peligro? ¿Hay alguien aquí que recuerde a Zelda Sayre?

> Con gesto cansino, da unos pasos tambaleantes por el escenario, abrumado por el recuerdo. Sheila le observa, interiormente impresionada.

Scott - Y eso nos lleva a otra pregunta... ¿Dónde estoy yo? ¿Quién me recuerda a mí?

Sheila - Tú eres un gran escritor, tienes tu lugar en el mundo. Tú eres parte de esa especie de paraíso terrenal que es la gloria literaria.

Scott - ¿Un guionista de Hollywood que apenas ejerce? *(Irónico)* Yo no llamaría a eso "gloria literaria".

Sheila - Tú no eres un simple guionista ¡Eres un novelista!

Scott - La vieja historia... Como ella... Zelda siempre fue mi cuerda floja, el eje de ese doble mundo: el mundo de las letras y el mundo del charleston, la búsqueda de la genialidad o del divertimento. Zelda era la veleta que marcaba el rumbo que yo debía seguir. Ella llevaba el timón, me guiaba de un mundo a otro... Ahora ella no está, ahora todo es confuso. Ahora... *(pasea con ansiedad por el escenario)* ahora ya no hay distintos lados en el Paraíso... ¡porque ni siquiera existe ya el Paraíso!

> *Scott va a la mesilla, la abre, pero ve que no hay bebidas dentro.*

Scott - ¿Se han terminado ya mis provisiones?

Sheila - Eso creo ¿Vas a tomarte otra copa?

Scott - No lo sé. Tal vez me beba toda una botella ¿Quieres acompañarme?

> *Va hacia la puerta. Sheila se acerca cruzando el escenario.*

Sheila - *(Tratando de pararle)* Mejor sería que te echases un rato. Beber no va a ayudar a tu corazón.

Scott - *(Abre la puerta y se vuelve antes de salir)* Los ángeles cálidos no tenemos corazón. Sólo tenemos sed.

> *Sale. Sheila duda un instante, suspira resignada y le sigue por la puerta.*
>
> *En el escenario posterior se ilumina una ligera luz mientras el resto del escenario se suma en la oscuridad. En el pequeño espacio que queda iluminado aparece Edward, las manos en los bolsillos, sin decoración alguna. Tras él apenas se distingue la misma silueta masculina de escenas anteriores.*

Edward - Yo... yo creo que es importante recordar la guerra si quieres conocer bien al chico. Es... bueno, un episodio que tiene cierta importancia. A Scottie le impresionó mucho la guerra... la gran guerra, me refiero... la primera... El, como todos los chicos de la época, cuando aquello empezó... bueno, se pensaba que era el fin, que sólo le quedaban unos meses de vida antes de una muerte apocalíptica en el frente... La idea resultaba tremendamente romántica. Se imaginaba como un héroe al estilo de las historias sobre la guerra de Secesión que leía de pequeño. Era un sueño más. Era parte del sueño americano, de ese mito que Scottie idolatraba: el joven princetoniano, el héroe militar... tal vez herido, cojo, sí, ¿porqué no?, más dramático... un producto bien acabado de su tiempo, con una belleza americana y un alma americana y una sonrisa enorme de color americano. Ese era el sueño de Scott, el fantasma que a veces le perseguía, ¿me entiendes? *(Mira a la silueta y sonríe sin alegría)* Bueno, le movilizaron, sí, pero nunca estuvo en el frente. No fue un héroe. Y, además, ya no creyó nunca más en el gran sueño americano. Empezó a creer en su propio sueño, en un sueño personal, sin leyendas de héroes intachables que tiñen con su sangre banderas victoriosas. Cuando Scottie se puso el uniforme se quitó unas ropas llenas de ingenuidad juvenil... pero se quitó también la coraza de sueños que le protegía. Ahora, estaba perdido. América sólo era la cuna del desencanto *(Despectivo)* ¡El sueño americano! Ni Griffith se lo creía... El sueño americano es una película muda... y ciega. Te confunde, te embelesa, te camela y luego te deja perdido. América te dice "Mira, yo he organizado esta guerra y todos estos follones, pero ahora se acabó y yo me voy. Haz tú lo que puedas". Y ya no te ofrece más respuestas. Por eso estamos condenados a ver como se suceden, una tras otra una serie interminable de generaciones perdidas.

Tras estas últimas palabras, como ocurrió en el Acto I, estalla un charleston y todo el escenario se llena de luz. Reaparecen por todos lados los jóvenes del Acto I, mientras Edward hace mutis por el fondo posterior. La silueta permanece. Entre todos los jóvenes que se dispersan bailando por el escenario está Zelda, escoltada por dos muchachos en los que a menudo se apoya o deja que la agarren por la cintura. Ellos llevan smoking, ellas van de charleston. En primer plano, en la esquina derecha, Wilson y Bishop hablan con varias chicas que ríen a menudo. Ginevra, al fondo, está rodeada de jóvenes. El ambiente es aun más alocado que en el Acto I. Por la puerta de la derecha entra Scott, las faldas de la camisa por fuera de los pantalones, obviamente borracho. Engancha por la cintura a la primera chica que se le cruza y le estampa un beso en la boca. Ella ríe, se suelta y se aleja. Scott abre la mesita de noche y al ver que no hay bebidas arrebata a un joven su copa. Satisfecho, se pone de pie encima de la cama en precario equilibrio.

Scott - *(A gritos)* ¡Esto es el hogar! ¡Esto es la patria!

Algunos le hacen caso, la mayoría no.

Scott - Whitman tenía razón. Somos pioneros *(Se ríe)* ¡Somos la gran nación de la mentira!

Bebe de su vaso. Ve a Zelda divirtiéndose. Recita con grandes aspavientos hacia ella.

Scott - Cuando ella llora y mendiga un beso
la estrecho muy cerca,
y sé perfectamente gracias a esta
delicada vehemencia alegre del recuerdo
que era muy joven, como yo.

Scott salta de la cama al suelo y va yendo de grupo en grupo de gente

Scott - ¡Oh! ¡La amo! ¡La amo! Como amó Marco Antonio a Cleopatra. Para perderme. Pero así es el amor ¡Todo perdido! Como mi generación ¡Toda perdida! *(Suelta una enorme carcajada)* He decidido convertirme en el bufón de esta corte. *(Salta de nuevo sobre la cama en una pirueta).*

Yo os haré chistes que rimen y os contaré historias de amor con final feliz y con final triste, según vuestro gusto *(Vuelve a reír)* Yo os haré cosquillas en los pies con mi pluma de escritor *(Mira a Zelda. Ella se fija en él por vez primera. Señalándola, malicioso)* Yo jugaré tu juego como si fuese realidad. *(Ella deja de prestarle atención. Scott se vuelve a Wilson y Bishop)* Y el vuestro, eruditos de la nada *(Despectivo)* ¡Escritores! *(Suelta una risotada fingida)* ¡Que patético!

Cae para atrás en la cama y queda tendido, inmóvil. La gente empieza a irse por todas las salidas sin perder la alegría festiva y el charleston se apaga a la misma velocidad que la luz del escenario decrece. Sólo permanecen en escena Bishop, Wilson y Scott, inerte en la cama. Aquéllos se acercan al lecho tranquilamente. La iluminación es apenas penumbras.

Scott - *(En un murmullo de borracho)* Me pregunto si terminó la fiesta...

Bishop - La fiesta no termina nunca, Scott.

Scott - ¿Sigue... sigue él ahí?

Bishop y Wilson - ¿Quién?

Pausa. Scott se incorpora, quedando sentado en la cama. Les mira como si fuesen una aparición, se frota los ojos, se rasca la cabeza.

Scott - El, él... él es el que más me sigue, el que está en todas partes... Tan frío, tan sereno, tan consciente de sí mismo... como vigilando...

Wilson - ¿Te refieres a Dios?

Scott le mira y sonríe. De pronto, ya no parece estar borracho. Sale de la cama y se pone de pie. Wilson, en cambio, se sienta al borde de la cama y Bishop se apoya en la cabecera.

Bishop - ¿De quién hablas Scott?

Scott - De él, de el de siempre. Del mayor de los fantasmas, del que más me persigue, esperando el momento para devorarme, para ahogarme con sus reproches... Porque él es el espejo, el sueño americano, la generación perdida... El lo encarna todo. Por eso me persigue, para acusarme de mi fracaso, mi fracaso por no haber sabido encarnar lo que a él le exigí. Como si yo fuese otro Gatsby...

Bishop - ¿Gatsby?

Wilson - ¿Te estás refiriendo a Gatsby?

Scott les mira como si no entendiese su idioma. Ellos cada vez están más confundidos.

Scott - ¿A quién si no? Siempre está ahí, delante, como el gran mito, la meta romántica, la Bella América... Ese es Gatsby. Siempre enigmático, siempre misterioso. Siempre hay un cristal entre él y la realidad...

Wilson - Scott... ¿sigues bebido?

Scott les mira. Al principio, parece enfurecerse, pero acaba sonriendo, abandonando su mirada y gestos enigmáticos para mostrarse más natural.

Scott - Oh... yo lo llamo... eh... misticismo literario.

Sonríe y los otros dos acaban por reír.

Bishop - Lo confieso. A veces por tu comportamiento llego hasta a creerme que eres realmente un genio.

Scott - Sí. Y esta habitación es mi lámpara maravillosa. Soy un genio de la vieja escuela, al estilo de Bagdad.

Wilson - Szerezade... De joven, estuve siempre enamorado de Szerezade. *(Bromeando)* Me gustaría escribir un cuento sobre ello. El amor de un niño por las danzas de Szerezade.

Scott - *(Creyéndoselo)* Tal vez fuese un buen relato, es cierto. Dios mío... hay tanto por escribir. Sí, sí, sí, sí... *(Pasea de un lado al otro del escenario entusiasmándose)* Es el deber que se nos ha impuesto *(Mira a ambos)* Si tenemos el don de la literatura, debemos utilizarlo. Escribir. Sólo para eso existimos. Se nos ha impuesto la misión de enviar a todo el mundo nuestros secretos más recónditos plasmados en el papel. El escribir es una bailarina, como Szerezada, desnudándose poco a poco... *(Gira sobre sus talones. Wilson y Bishop sonríen)* quitándose los velos que cubren su alma hoja a hoja, palabra a palabra... ¡El escritor está destinado a coronar las más altas cimas!

> *En ese instante, suena con la fuerza de un trueno un disparo. Los tres se vuelven, sorprendidos y asustados, al escenario posterior. Este se ha iluminado ligeramente con un brillo de un azul mortecino en el momento del disparo. En el suelo del escenario posterior yace un cuerpo y junto a él una escopeta. Los tres corren arriba y van junto al cuerpo. Wilson se pone de rodillas y le toma una mano.*

Wilson - No hay pulso. *(Levanta la vista. A Scott)* Está muerto.

> *Aparecen varios de los jóvenes de la fiesta por el fondo derecho e izquierdo. Llegan agitados y preguntan todos a la vez qué ha pasado.*

Joven 1 - *(Señalando el cuerpo)* ¡Anda! ¡Si es Ernest Hemingway!
Scott - *(Aterrado)* ¡Qué!

> *El Joven 2o. se agacha y levanta la escopeta.*

Chica 1 - *(Al ver el arma)* Se ha pegado un tiro.

> *Todos rodean el cadáver. Wilson sigue arrodillado junto a él. Varios chicos hablan a la vez.*

Chica 2 - Yo creo que no es Hemingway. Es Scott Fitzgerald, estoy segura.

> *Scott retrocede al oir eso.*

Joven 3 - De eso nada. Es Jay Gatsby. ¿Es que no le reconocéis?

Joven 4 - Yo creo que es Fitzgerald. Ese tipo estaba destinado a acabar pegándose un tiro.

Aterrorizado, Scott sale del grupo.

Joven 3 - Es Gatsby, os digo que es él. Le han pegado un tiro. Alguien le ha matado.

Chica 3 - Tal vez sea Hemingway. Los escritores son gente muy extraña, capaz de hacer esto, y él era escritor.

Siguen discutiendo. Sólo Wilson y Bishop guardan silencio, los ojos fijos en el cadáver, paralizados.

Scott - ¡Dios mío! ¡No es este el camino! ¡No lo es! ¡No!

Sale corriendo por el fondo mientras cae el

TELON

Escena II

El mismo escenario que en la escena anterior. En la zona anterior, sumido en la penumbra, Scott escribe en la mesa de la derecha, botella y vaso sobre la mesa, de los que echará mano varias veces. El escenario posterior permanece a oscuras.

Pasados algunos instantes de la subida del telón, suenan unas alegres notas de piano y, con un foco iluminándole sólo a ella, aparece Zelda, con falda y zapatillas de bailarina, realizando una serie de pasos de ballet al son de la música. No es buena bailarina, pero hay algo enigmático en su danza, algo en su torpeza que atrae.

Termina su baile a la vez que la música y, con ello, el escenario posterior se ilumina por completo con su habitual tono irreal, mientras Scott sigue escribiendo en el escenario anterior. Al iluminarse el escenario posterior descubrimos a Ernest, sentado a la derecha en el suelo, que observa con una sonrisa a Zelda.

Zelda - *(A Ernest. Sorprendida, sin alegría)* ¿Qué haces ahí? ¿Qué diablos estabas haciendo?

Ernest - Te veía bailar.

Zelda - Oh, claro *(Con oculta curiosidad)* ¿Y bien? Haz tus críticas.

Ernest - No hay nada que criticar. Eres una maravillosa bailarina aficionada.

Zelda- (Despectiva) Por supuesto. No soy Isadora.

Ernest - (Alago Burlón) ¡Oh, Isadora!

Zelda - *(Tajante)* ¿Qué has venido a buscar aquí? ¿Has venido a cobrarte alguna deuda? ¿A burlarte? *(Con voz de falsete, actuando)*

"Oh, mirad a la pobre Zelda. ¿Os acordáis de ella? Sí, la borrachita de París. Una loca bailando. Jo, jo, jo."

Ernest- Scott va a morir.

Zelda se queda callada al oírlo. Va a decir algo, titubea, da la espalda a Ernest y baja la mirada. El se levanta y se le acerca

Ernest - Tal vez el tiempo para reflexionar se termine. Como la vida. Como todo. Hay un tiempo para reflexionar en que hacerlo no resulta una tarea inútil. Pero luego, una vez pasado ese tiempo, reflexionamos sobre esa misma cosa, sobre ese mismo asunto, y nos damos cuenta de que ya no podemos sacar conclusión alguna porque son inútiles, ya no existen.

Zelda - No te entiendo.

Ernest - Hablo de Scottie. Y de ti. De todos estos años. Ahí fue donde se escondió la locura. En tantos años de destrucción. Y no ahora.

Zelda se vuelve, con furia contenida, y se le encara.

Zelda - ¿Qué sabes tú de la locura? Para ti huir es muy fácil. Lo que no es fácil es encarar el fracaso. Para Scott no hay ninguna escopeta preparada. Scott tiene la valentía de mirar cara a cara su propio fracaso.

Ernest - ¿Fracaso? ¡Oh, vamos, Zelda! ¿Dónde está el fracaso de Scott? ¿Lo has mirado cara a cara tú? ¿Lo reconoces tú? El fracaso de Scott está en hincharse tanto de sueños que luego cualquier éxito es sólo un pequeño eslabón de esa interminable cadena de sueños que le ata. Scott es un soñador. Le cuesta admitir tanta basura como hay en este mundo. Para él, la gloria literaria es el paraíso y por eso nunca llegará a él, por eso camina hacia la muerte como último recurso. Scott no es un fracasado, lo que ocurre es que no sabe dónde termina el sueño y dónde la realidad. Pero, ¿cómo vas a comprenderlo tú? Tú eres otra soñadora, otra forjadora de sueños.

Zelda - Estoy cansada de oír tantas historias sobre Scott. A Scott no le traicionaron sus sueños ¡Se traicionó él mismo! Siempre lleno de grandes planes que nunca cumplía, siempre proyectando revolucionarias novelas... para estar luego tan borracho que no podía escribirlas ¿Qué sabes tú del fracaso, Ernest Hemingway? Tú eras el niño mimado de la Francia intelectual y de la América lectora. Tú no has fracasado, sólo has sido un cobarde.

Ernest - No comprendes nada. Nunca comprendes nada. Te dieron a Scott, un diamante en bruto, tan grande como el Ritz, y en lugar de pulirlo y tallarlo te dedicaste a bailar sobre él hasta hacerlo añicos.

Zelda - ¿Me acusas a mí del fracaso de Scott?

Ernest - Yo no soy juez de nada ni de nadie. Sólo de mí mismo... y yo ya he sido ajusticiado por mi propia ley.

Zelda - Scott es un hombre débil. Siempre lo fue. Sin voluntad, sin carácter, tan asustado... *(Triste)* Tan patético...

Ernest - Tiendes a cargar todo el peso de las culpas sobre él ¿Y tú? ¿Le ayudabas a escribir o a superar el alcohol? ¿O preferías rivalizar con él con tus pobres novelitas o derrochar el dinero para convertirle en un escritor a sueldo?

Zelda - *(Con furia ya desatada)* ¡Calla ya! No estoy dispuesta a soportar más tiempo tus acusaciones ¿Qué dios eres tú que juzga a los demás? ¿El Gran Dios de la Novela? Scott fue siempre mejor que tú. Era un gran escritor, no un paleto enamorado de los toros y el vino ¡Vete a tu amada España y déjanos tranquilos!

> *Pausa. Zelda se frota el pelo y da unos pasos. Ernest permanece impasible.*

Ernest - Tal vez deberías ayudar a Scott a encararse con la muerte. Tú fuiste su amante esposa...

Zelda - *(Cansada)* Todo eso pasó ya. Hace tantos años... Ahora yo bailo en el manicomio *(Ríe. Da unos pasitos de baile canturreando)* Scott y yo nos separamos por la vergüenza que nos daba que el uno fuese testigo de la ruina final del otro *(Pausa. Alza la vista y suspira)* Teníamos tantos sueños...

> *Se vuelve a Ernest.*

Zelda - El era hermoso, muy hermoso. Yo le quería. Pero... pero todo era como un torbellino. Hoy faltaba dinero y Scott tenía que ponerse a escribir un cuento en plena resaca. Mañana llegaba un fajo de dólares y vaciábamos diez botellas los dos solos y él planeaba una vida llena de grandes novelas y viajes a Rusia envueltos en abrigos de piel sobre un trineo, mientras yo le miraba y pensaba en él como en un pequeño duende de locura. Yo le quería...

Ernest - Pero eras corrosiva. Cuando él trataba de escribir, tú te volvías depresiva y coqueteabas con algún apuesto galán para atraer la atención de Scott.

Zelda - ¡Mentira! *(Se pasea por el escenario posterior con nerviosismo)* Scott se venía abajo, perdía el interés y dejaba sus grandes planes paralizados... Luego me echaba la culpa, pero su voluntad se derrumbaba antes de que yo pudiese hacer nada. Scott nunca fue constante ni concentrado. La culpa era suya ¡Suya! Yo sólo luchaba por ser yo misma, sin interferirme en su carrera literaria. ¡Yo quería ser yo! No "la bella mujer del conocido escritor". Zelda Sayre *(Exageradamente soñadora)* ¡La bailarina! *(Vuelve a canturrear y bailar).*

Mientras, la puerta del escenario anterior se abre y entra Sheila, que cruza el escenario hacia Scott. Zelda y Ernest se fijan en ella.

Zelda - *(A Ernest)* Ahí la tienes. Una vulgar periodistilla. Una chismorrera y cotilla columnista de Hollywood *(Ríe con desprecio. Sheila parece oírla, pero procura ignorarla)* ¿Qué sabe ella?

Sheila llega junto a Scott.

Sheila - Disculpa, Scott ¿Saldrás a comer o quieres que Mrs. Faxwell te traiga en una bandeja el almuerzo?

Scott - *(Con gesto cansino)* Tal vez... eh, tal vez coma hoy aquí. Estoy algo cansado, ¿sabes? No me encuentro del todo bien.

Sheila asiente con una sonrisa y se vuelve hacia la puerta. Scott regresa a su escritura.

Zelda - *(A Sheila)* ¡Eh, tú! ¡Miss Sheila Graham! O... ¿debo llamarla señora de Fitzgerald? Porque ya no sé cuál de las dos tiene ese papel en la obra.

Sheila se detiene en el centro del escenario y la mira, dando la espalda casi por completo al público.

Zelda - Dicen que mi marido va a morir. Dicen que está acabado. Supongo que su corazón lleno de amor se hará pedazos con esa noticia.

Sheila - Por si le interesa saberlo han escrito los de la Metro. Rechazan el último guión de Scott.

Ernest ¿Lo sabe él?

Sheila hace un gesto negativo y baja la mirada.

Zelda - *(Pavoneándose por el escenario posterior)* Oh, eh... señorita Graham, ¿sabe?, me recuerda usted a María Magdalena. La fiel compañera...

Sheila hace ademán de marcharse.

Zelda - *(Para detenerla)* ¡Usted es sólo una oportunista!
Ernest - *(Conciliador)* Zelda...

Zelda le evita de un brusco gesto.

Zelda - ¿Qué sabe usted de Scott? ¿Qué tienen en común? ¿Estuvo usted en Francia? ¿Es madre de su hija? *(Con voz temblorosa)* Usted... usted ha llegado de algún oscuro rincón de Hollywood para no dejarle morir en paz, para romper mi recuerdo, para...

Sheila - *(Conteniéndose)* Todo eso es falso. Yo sólo trato de ayudar a Scott. Algo que usted no puede hacer...

Zelda - ¡Usurpadora!

Ernest - Señoras...

Sheila - No entiendo esta escena de celos *(Retrocede sobre sus pasos)* Yo no pretendo hacer olvidar a Scott todo el amor que ha sentido por usted, ni sustituirla en su corazón. Ni siquiera pretendo que me ame con locura o que vivamos una gran pasión. Sólo quiero ayudarle, hacerle saber y sentir que no está solo, que tiene una amiga...

Zelda - ¿Quiere que acompañe sus bellas palabras con música de violines? Palabras... Odio tanta palabrería.

Ernest - ¿Van a dejar ya el melodrama, señoras?

Sheila - Sólo quiero hacerla ver que...

Zelda - Yo no quiero ver nada. No quiero ver tanta miseria, tanta vida podrida *(Señalándole uno a uno)* La tuya, la de ella, la de Scott... la mía *(Contiene las lágrimas)* No entiendo este infierno... *(Se vuelve y se pierde en la oscuridad del fondo con rápidos pasos de bailarina)*

Sheila - *(Menea la cabeza. Luego, a Ernest)* Disculpe, he de avisar que el señor Fitzgerald no saldrá a comer.

> *Ernest asiente y Sheila hace mutis por la puerta.*
> *Durante unos instantes, Ernest contempla a Scott, mira la habitación, da algún paso... Luego, se sienta en el borde del escenario posterior, las piernas colgando junto a la cabecera de la cama de Scott. Scott sigue, ajeno a todo, escribiendo.*

Ernest - ¿Escribiendo algo interesante?

Scott - ¿Eh? *(Se vuelve y ve a Ernest)* Ah, hola, también tú, Bruto, hijo mío, vienes a visitarme... *(Recordando la pregunta)* Eh... no es nada serio. Anotaba un par de cosas en la revista de antiguos alumnos de Princeton que me trajo el otro día mi hija. Recuerdas a la pequeña, ¿no? *(Se levanta y, las manos en los bolsillos, pasea)* Me pregunto a veces, ¿sabes?, ¿qué pensará mi hija cuando lea mis libros? En realidad, siempre me he preguntado si los demás piensan al leer algo tuyo lo que tú pensabas cuando lo escribiste.

Ernest - Un libro es como un cuadro: a cada uno le evoca algo diferente.

> *Scott abre su mesilla y saca otra botella y dos vasos.*

Scott - ¿Una copa?

Ernest - Sí, por favor.

Scott - *(Mientras sirve)* ¿Qué te trae por aquí? Me sorprende verte ahí, tan real. No eres uno de mis fantasmas favoritos *(Le tiende la copa. Scott alza su vaso)* Por la literatura, esa gran farsa *(Da un largo trago)*.

Ernest - ¿Qué tal va tu nueva novela?

Scott - Mal. Ya no soy el escritor que era. Ahora escribo por dinero y eso es algo muy contrario a escribir por necesidad, porque tienes algo en tu interior que te abrasa, que te hace buscar un papel en blanco y llenarlo de ti, de tus fantasías, de tu locura, de tus incoherencias, de lo que sea. Escribir por dinero es la forma más rastrera de prostitución que existe. Es permitir que te chupen la sangre. *(Se frota los ojos, agotado)* Me estoy muriendo, Ernest. Mi pasado... mi propio pasado me está matando. En eso, nuestras vidas son como nuestros estilos literarios: tu eres sólo presente, concisión, sin dejarte despistar; yo soy todo pasado, color, recovecos, gasas y tafetanes... Ahora mi pasado se ha vuelto contra mí y aquí estáis, un desfile de máscaras que me seguís a donde vaya, con palabras, miradas, risas, gestos de reproche... ¿No váis a dejarme morir con dignidad?

Ernest - Ninguna muerte es digna, Scott. Ninguna. Ni siquiera el suicidio. El que tú te quites tu propia vida no te convierte en dios sino en un bufón de su servicio.

Scott - El suicidio es el fracaso final. No me refiero a eso. Siempre he pensado que los grandes escritores tienen que tener grandes muertes. Al fin y al cabo, son gente que han creado, con todo el valor que tiene esa palabra, creado un universo propio. Tienen, pues, algo de divinidad. No pueden morir como... como un Edgar Allan Poe, por ejemplo.

Ernest - ¿Y qué más da? El que el cuerpo del escritor muera no tiene la menor importancia. Sus obras quedan vivas para siempre.

Scott - Pero si la vida del autor es un fracaso sus obras siempre arrastrarán ese sabor a fracaso. Y ese es mi problema: quiero morir con un fracaso digno. Una paradoja...

Da la espalda a Ernest con cierta desesperación. En ese instante, entra Sheila con una bandeja, sonriente.

Sheila - He preparado yo misma estos canapés ¿Dónde los pongo?

Scott - *(Aturdido)* Déjalos ahí, en la mesa.

Ernest - *(A Scott)* Supongo que debo marcharme.

Scott - *(Acercándose a Ernest)* ¿Volveremos a vernos?

Ernest - La gente como tú y como yo no puede decir nunca adiós.

Sheila ha tomado un libro de la mesa.

Sheila - ¿Qué es esto, Scott? No lo había visto.

Scott - *(A Ernest)* En cierto modo, tengo miedo.

Sheila - *(Buscando su atención)* ¡Scott!

Scott - *(Volviéndose hacia Sheila)* ¿Eh? ¿Qué? *(Ella le muestra el libro)* Oh, sí. Es una biografía de Beethoven... *(Se vuelve con rapidez a Ernest)* Supongo que tú, como todos los fantasmas que me acosan, eres sólo un presagio del fin. Ahora déjame volver con Sheila. Ella es mi tabla de salvación.

Ernest - *(Poniéndose en pie en el escenario posterior)* Suerte, Fitzgerald.

Scott le observa mientras se aleja y desaparece por el fondo.

Sheila - ¿Es que no piensas probar bocado?

Como despertándose de un sueño, Scott se vuelve, la mira, sonríe, y se acerca a la mesa. Se fija en el periódico que hay en la bandeja. Lo toma y lee el titular.

Scott - Así que lo han hecho.

Sheila - ¿El qué? *(Toma un emparedado y lo muerde)*

Scott - Alemania, Italia y Japón han firmado un pacto tripartito. Es sólo cuestión de meses, tal vez de semanas, el que entremos en esa maldita guerra ¿Sabes una cosa? *(Toma un emparedado. Pomposo)* Si por fin entramos en guerra haré como Hemingway.

Sheila - ¿Qué ha hecho él?

Scott - Se ha marchado a Europa como corresponsal de guerra.

Sheila - *(Sin convencimiento, a la vez que camina hacia la cama)* ¿Y tú piensas hacer eso? *(Se sienta en la cama, con el libro de Beethoven sobre las rodillas)*

Scott - Siempre y cuando mi nueva novela tenga éxito. No deseo nada tanto como dejar Hollywood. Y, ahora, discúlpame, pero ando liado con este artículo de fútbol.

> *Scott se sienta en la mesa y se concentra en el artículo, haciendo algunas anotaciones. Unos segundos después aparecen corriendo, cada uno por un lado del escenario, Basil y Josephine, que se reúnen en el centro, en primerísimo término, y hablan al público.*

Basil - *(Algo jadeante)* ¡Uf! Casi no llegamos a tiempo. *(Mira a Josephine, sonríe y de nuevo al público)* En fin, creo que me darán la razón. Han tenido lo que les prometí: un hombre, sólo eso.

Josephine - *(A Basil)* Oh, no seas tan duro. Ha habido alguna que otra chica bonita. Y bailarinas y música y hasta cierto colorido. Y también ha habido celos, pasiones, corazones inflamados, tragedia...

Basil - Bueno, ¿qué quieres? De un poco de todo eso se compone la vida de un hombre. Y Scott sólo fue eso: un hombre. Los arcángeles no habitan en este mundo, Josephine. Son sólo sueños, ilusiones... Y, tal vez, pensándolo bien, ni siquiera debamos juzgar a un hombre, no creo que tengamos derecho a ello. ¿Cómo podríamos juzgar a Scott? ¿De qué es culpable? ¿De querer ser él mismo? ¿De no saber cómo ser él mismo?

Josephine - En Scott hay más inocencia que culpa.

Basil - ¡Oh, vamos! ¿Hasta qué grado está la inocencia exenta siempre de culpa?

> *Scott se vuelve hacia Sheila, que hojea el libro en la cama.*

Scott - Sheila... *(Basil y Josephine les miran)* ¿Han llamado de la Metro?

Sheila - No, Scott.

Basil y Josephine se vuelven al público

Basil - *(En un tono más bajo de voz)* Me temo que debemos irnos ya. No queda mucho por decir. Y, a la vez, quedan siempre tantas cosas que deberían ser dichas...

Basil y Josephine hacen mutis por el espacio anterior de la derecha. Por algún tiempo, el escenario queda en silencio. Sheila sigue leyendo, medio echada en la cama, el libro de Beethoven. Scott escribe en la mesa. De pronto, Scott se levanta con brusquedad. Sheila da un brinco, sorprendida. El, apoyada una mano en la mesa, la mira con expresión desencajada. Se mantiene así un par de segundos hasta que, por fin, se aferra con una mano al pecho y se desploma y, justo en el instante en que cae al suelo, el escenario queda absolutamente a oscuras y empieza a sonar un alegre ragtime entre cuyas notas se filtra la voz de Sheila gritando "¡Scott! ¡Scott!".
Tras unos minutos sonando el ragtime vuelve la luz al escenario poco a poco. Cruzando el escenario anterior hacia la mesa vemos a GATSBY -vestido con ropas de golf y con un aire aristocrático en toda su persona-, que no es sino la silueta que ha aparecido en escenas anteriores, convertida ya en algo visible y real. Va junto a la mesa y hojea los papeles que hay sobre ella. Tras él, por el fondo del escenario, aparece Scott. Camina con calma, con expresión serena y sosegada, con un aspecto de enorme tranquilidad. Scott baja al escenario anterior, contempla la cama pulcramente hecha, a Gatsby examinando con indolencia sus papeles. En ese instante, Gatsby se vuelve y le ve.

Gatsby - Ah, estás ahí, Scottie.
Scott - Gatsby... *(Sonríe)* Así que al final eras tú el que me estaba esperando *(Gatsby le sonríe)* ¿Qué ocurre? ¿Soy yo ahora una sombra, igual que lo has sido tú siempre, o es que tú eres ahora un ser real?

Gatsby - *(Acercándosele)* Ya no hay sombras ni realidad, Scott.

Scott da unos pasos sin rumbo por el escenario, como si buscase algo por el suelo. Gatsby le contempla, de pie junto a la cama, con porte señorial.

Scott - Entonces, al final, después de todo. ¿qué nos queda?

Gatsby - Soledad. La misma soledad a la que tú me destinaste y que ahora te toca compartir conmigo.

Scott - *(Le mira)* Y la compañía del pasado, de ese montón de fantasmas... Al final, solos tú y yo...

Gatsby - Como siempre estuvimos. Hemos compartido muchos años.

Scott. Es como una vieja historia de amor...

Scott - ¿Sigues viendo la luz al final del embarcadero?

Gatsby sonríe y niega con la cabeza.

Gatsby - Ya no hay luz, ni metas, ni deseos. Soledad, Scott. Habrás de acostumbrarte a ella. Al final siempre te encuentras con aquello de lo que toda tu vida te has pasado huyendo. Si me permites citar al célebre escritor Francis Scott Fitzgerald: ..."seguimos adelante, botes contra la corriente, empujados incesantemente hacia el pasado".

Scott - Pero, ¿es que no queda ni siquiera la vergüenza del fracaso?

Gatsby - ¿Qué fracaso?

Scott - El tuyo. El mío. La muerte es siempre un fracaso, Gatsby. El fracaso definitivo. Pero yo no soy capaz de sentir vergüenza ni humillación. Sólo siento... no sé, un sosiego, indiferencia... ¿qué más da la palabra? Sólo veo un largo, un enorme camino que he dejado atrás y que no sé si he recorrido o no con acierto.

Gatsby - Esa es la duda que te acompañará para siempre en la soledad.

Scott - Pero tú has sido testigo de mi caminar, tú puedes decir si ha sido acertado o no.

Gatsby - No puedo saberlo. Tu camino y el mío se confunden, se cruzan, se unen y se separan a menudo. Yo soy tú y tú eres yo y a la vez somos dos desconocidos.

Scott - ¿Y ellos? ¿Qué piensan ellos? ¿Qué piensa la posteridad?

Gatsby - ¿Tiene eso alguna importancia?

Se miran, Scott acaba bajando la mirada.

Scott - No lo sé. Sólo quisiera... algunas respuestas.
Gatsby - No las hay.
Scott - Preguntarles a ellos...
Gatsby - ¿A ellos?

Se oye una risotada al fondo. Se vuelven a mirar al escenario posterior, en el que aparece, por la izquierda, Zelda, vestida de bailarina, la cual va hasta el centro dando unos extravagantes pasos de ballet, donde se detiene y mira al público.

Zelda - *(Con infantil excitación)* Os lo aseguro. Hubo una época en que varios pilotos del ejército estaban locamente enamorados de mí y todas las mañanas sobrevolaban mi casa con sus aparatos en señal de saludo ¡Oh, aquello era excitante!

Vuelve a bailar, yendo hacia la derecha, y justo cuando sale de escena se cruza con ella Edmund Wilson, que camina hasta el centro del escenario posterior con aspecto afligido.

Wilson - *(Frío e impersonal)* Estoy muy impresionado por la muerte de Scott. Estábamos tan unidos desde la Universidad, cuando empezábamos los dos a escribir. Son tantos recuerdos... Es como si me hubiesen arrancado un poco de mí mismo. Imagino cómo debe sentirse Zelda. Su personalidad y la mía han tenido toda una fase de desarrollo paralelo. Suyo afectísimo, Edmund Wilson.

Va hacia la izquierda y sale de escena a la vez que, también por la izquierda, llega Hemingway, que va hablando mientras camina hacia el centro, donde se detendrá:

Ernest - Recuerdo aquella anécdota de Scott. Fue, creo, yendo hacia Pamplona, o tal vez de vuelta a París. El caso es que Scott y yo tuvimos que pasar la noche en un hotel porque se nos estropeó el automóvil. Scott era un hipocondríaco y no sé qué temores enfermizos le aterraban. El caso es que para ahuyentarlos se emborrachó, como era habitual. Una vez borracho, cuando se desnudó para acostarse, se empeñó en que él la tenía más corta que el resto de los hombres y aquello parecía traumatizarle muchísimo. "Ernest" me decía suplicante "¿tú qué crees? Sé sincero. "Bueno... *(Ríe)* yo tuve que decirle que eso nos lo parecía a todos porque nos la vemos desde arriba y así parece más pequeña.

Suelta una risotada y sale por la derecha.
En el escenario anterior, Scott se vuelve y se sienta al borde de la cama, la vista clavada en el suelo. Gatsby, de pie, le mira con indulgente sonrisa.

Gatsby - Los recuerdos siempre son un espejo deformante de la realidad, Scott. Como la novela. Ahora eres parte ya de la leyenda y, como tal, tu imagen se estirará, se doblará, se retorcerá como si fuese de goma. Es el precio que hay que pagar.

Scott - Hay tantos precios que pagar... *(Se echa en la cama con un suspiro)* ¿Sabes? Me siento cansado. Cansado y agradecido de que todo haya terminado. Nos esforzamos en dar algo de nosotros para ayudar a nuestra generación y nuestra generación nos pagó arrebatándonos la juventud y la vida.

Gatsby contempla a Scott tendido en la cama, sonríe, se vuelve y va hacia el espacio muerto de la derecha, pero antes de salir habla Scott.

Scott - ¡Gatsby!
Gatsby - *(Volviéndose)* ¿Sí?
Scott - Sólo quería preguntarte... ¿sigues amando a Daisy?

Gatsby sonríe, mira al suelo, a la cama.

Gatsby - Oh, bueno...

Scott - *(Interrumpiéndole)* ¡No! Mejor no me contestes. No puedo evitar seguir siendo un soñador...

> *Se hace la oscuridad en el escenario. En la zona anterior vuelve al poco una ligera luz penumbrática. Suena un vals y en el escenario posterior vuelve a aparecer la romántica pareja de baile del final del primer acto. El parece ser Gatsby. Por el espacio muerto de la derecha llega Basil, con su ropa juvenil de la época y se detiene en el centro.*

Basil - *(Al público. Suspira)* Ya no queda nada más. Tan sólo algunos datos... Scott no fue enterrado en tierra sagrada porque el obispo de Baltimore consideró que sus libros eran inmorales. Sheila no acudió al entierro, pues Scotty, la hija de Scott y Zelda, le insinuó que su presencia no era deseada. Tampoco estuvo Zelda... Esta no acusó el golpe de la muerte de Scott hasta muchos meses después. Unos ocho años después de morir Scott, en 1948...

Voz de Scott - *(Ronca)* ¡Maldito seas!

> *Basil mira hacia la derecha del escenario, titubea pero sigue hablando.*

Basil - ... en 1948, Zelda murió en un incendio en el manicomio donde estaba internada...

Voz de Scott - ¡Otra vez tú!

Basil - Y nada más... ¡Ah! *(Hablando apresuradamente)* En 1975 otro arzobispo de Baltimore decidió dar sepultura cristiana a Scott y Zelda.

> *Scott aparece por la derecha, despeinado y algo tambaleante, con la camisa por fuera del pantalón y voz ronca y pastosa. Camina hacia Basil.*

Scott *(A Basil)* ¿Es que vas a seguir persiguiéndome siempre, maldito fantasma?

Basil - *(Al público. Apresuradamente)* Pero todo eso es ya parte de la leyenda. Y, ya se sabe, en toda leyenda hay una carga de inmortalidad.

>*Basil retrocede ante Scott, que alza amenazador el puño hacia él. Se va hacia la derecha, perseguido por Scott. Salen los dos y se queda la pareja al fondo bailando. Al poco cae el*

TELON

FIN

Agosto 1985

Jaime Ramonell
(Segundo Premio)

Nació en La Coruña. Ha publicado algunos poemas y versos sueltos en diferentes revistas y periódicos de España. Tiene pendiente en concurso una novela y escribe otra. Desde 1970 es profesor de lengua española en Vichy, Francia, donde reside desde entonces.

"El escritor puede llegar hasta el crimen para redondear su obra"

Camilo J. Cela

INFIERNO, IDA Y VUELTA

Personajes

ENCARNA, mujer de Agustín.
AGUSTIN, marido de Encarna.
DOñA REMEDIOS, alias QUETAL, madre de Encarna.
DON ANSELMO y DOñA PURA, matrimonio de vecinos.
DON MANUEL y DOñA MARIA, matrimonio de vecinos.
COSME, portero de la casa.
UN MISTERIOSO PERSONAJE.
UN BOMBERO, de paso, invisible.

La acción se desarrolla en una capital de provincia española, a finales de 1958.

ACTO PRIMERO

Sala de estar iluminada por una araña de abalorios extrava-gantes. Luz amarillenta de foto antigua. Deslucidos muebles de clase media resignada. En primer término, en el centro de la escena, oblonga mesa de paquidérmicas patas, con silla a ambos lados; la de la izquierda la ocupa Encarna, sexagenaria y gruesa: está zurciendo unos calcetines. Al fondo, de izquierda a derecha, puerta, que se supone da a la escalera de la vivienda, mesilla con aparato de radio Punto Azul, aparador, reloj de pared parado y un espejo colgado, bajo el cual hay un amplio y arcaico sofá. Triste jaula vacía. En un rincón de la escena, a la derecha, frente a Encarna, la vieja y esquelética doña Remedios, alias Quetal, se balancea alegremente en una chirriante, crispante y alucinante mecedora; se mueven sus resecos labios como en una plegaria milenaria, mientras, va pasando entre sus devotos y nerviosos dedos, las gruesas y mugrientas cuentas de un venerable rosario de olivo.

Cuadro Primero

Entra por la derecha, resuelto, un misterioso personaje. Se detiene en medio de la escena, frente al espectador. Observa en ocasiones el decorado mientras lee en un manuscrito que lleva en la

mano la presentación que acabamos de hacer: "Sala de estar...
rosario de olivo". Sale por la derecha.)

Encarna - *Mueve a trechos la cabeza y suspira con desaliento.* ¡Esto es el colmo! Hay que ver cómo me pone ése los calcetines, peor que un chiquillo. *(Examinando un par de calcetines negros).* Pero ¿habráse visto destrozo semejante? ¡Lo ve usted, madre!... ¿Ve usted el tomate?... ¿Y estas ventanas de los dedos?... Si esto no son calcetines, sino mitones..., mejor dicho, piedones... *(Risilla de la vieja y ademanes estrafalarios).* ¿Creerá usted que se los compré por su santo?... Vergüenza da decirlo, perfectamente. Qué poca ansia, Dios mío. Lo descuidado que se ha vuelto. Vamos que a quien se le cuente... *(Suspira. Pausa.)* Y mire que se lo tengo dicho veces, pues ni caso. Claro que con eso que tiene los pies planos, y ese dedo gordo del tamaño de un huevo..., pues así andamos. *(Ridículos mohínes de Quetal.)* Sí, madre, sí, si la comprendo perfectamente. Cálmese, cálmese... así, así... Si no necesita decirme nada, porque se le nota toda la amargura... *(Actitud patética de Quetal.)* Lo sé, lo sé... si no necesita jurármelo. Y qué bien la aguanta usted, igualito que una santa. Pero buena procesión le andará a usted por dentro, buena, sí señor. Sea todo por Dios. *(Suspirando.)* Ah, de valerse usted, a buenas horas iba a consentirle a ése el trato que nos da, ¡menuda! Bien que le pondría usted las peras a cuarto, bien. A que sí... *(Cómica actitud agresiva de Quetal.)* ¿Lo ve, lo ve?... Más claro, agua. *(Pausa.)* Cuando pienso en aquella su autoridad en el pueblo... Si era fama, sí señor. Pero usted déjese estar, madre, déjese estar que gracias a Dios, yo me sobro y me basto en esta mi casa para bajarle a ése los humos, perfectamente. Y el día menos pensado, cojo y le leo la cartilla, como está mandado, vaya si se la leo, y de un tirón. ¡Si ya huele a chamusquina!...

Agustín - *(Entre bastidores, molesto)* ¡Encarna!

Encarna - ¿Qué hay? *(Silencio)* ¿Qué quieres, hombre?

Agustín - Mujer, estoy trabajando.

Encarna - ¿Y qué?

Agustín - *(Resignado)* Nada, mujer, nada.

Encarna - *(En voz baja, cambiando una mirada de sorna con su madre).* ¡Qué fino tiene el oído!... *(Detiene Quetal el balanceo de la mecedora.)* Si tuviera así la cabeza. *(Risilla contenida y muecas de la vieja.)* Perfectamente, madre, perfectamente, lo cala usted de maravilla. Qué lista es. *(Pausa.)* Pero, ¿se da usted cuenta? Ya ni hablar se puede en esta casa. *(Imitando cómicamente la voz de Agustín.)* Estoy trabajando, estoy trabajando... Por mí como si dice misa. Bonito trabajo el suyo. Escribir, escribir... Si desde que se ha emperrado en gastarme las cuartillas está peor, mucho peor, vaya si lo está. ¡Será majadero! *(Tono de burla.)* Con la de faltas de ortografía que hará. *(Sonriendo.)* Valiente escritor nos ha salido... Y paso las burradas que garabatea, que no son para contar. ¡Dios me libre!... *(Se oyen ruidos repentinos de una silla en un cuarto contiguo. Irónica.)* Ahí viene el escritor. *(Se enfrascan las dos mujeres en sus respectivas ocupaciones: zurcido y oración. Reanuda Quetal el balanceo de la mecedora. Entra Agustín con paso lento, ensimismado.)*

Cuadro Segundo

Encarna - ¿Ya acabaste? *(Silencio.)* Contesta, hombre.

Agustín - *(Se pasea pensativo por la escena, con las manos hundidas en los bolsillos. Viste ropa de interior y calza zapatillas de paño.)* ¿Qué?

Encarna - Que si ya acabaste el capítulo ese, o lo que sea.

Agustín - *(Desganado.)* Ni siquiera empecé.

Encarna - ¿Y eso?

Agustín - *(De mal talante.)* Y eso, y eso. ¿Ya empezó el interrogatorio?

Encarna - ¿Lo dejas pues?

Agustín - ¿Dejarlo?... Pero ¿qué dices? No, no lo dejo. Esta noche no estoy inspirado, si quieres saberlo.

Encarna - *(Burlona)* Vaya, hombre. Agustín y la inspiración... *(Mirando a su madre).* Lo que nos faltaba. ¡Esta sí que es buena!

Quetal - *(Pataleando histérica).* ¡Ji, ji, ji, ji!... ¡Tatatá!...

Encarna - *(A Quetal)* Madre...

Agustín - *(Irritado).* Ya empezó la fiesta.

Encarna - Madre, por Dios, cálmese.

Agustín - Si así no hay modo de trabajar... *(Volviéndose hacia Encarna.)* ¿Cómo va uno a poder inspirarse? Entre una y otra, ¿qué quieres que haga? Que se calle, Encarna, y por lo que más quieras *(Señalando la mecedora)*, que pare el carro ese.

Encarna - Disculpas, disculpas... La inspiración es el talento y sanseacabó. *(Con benignidad a su madre.)* Por Dios, madre, repórtese, tranquilícese, que si no se le sube la tensión. A ver, a ver lo buena que es... *(Cesa Quetal la risilla y detiene el movimiento de la mecedora)* Así, muy bien... *(A Agustín.)* Obedece como una santa.

Agustín - Sanctus, Sanctus, Sanctus...

Encarna - *subiendo el tono.* Agustín, te tengo dicho una y mil veces que no ofendas a la pobre infeliz, si no...

Agustín - *interrumpiéndola, desazonado.* Qué he de ofender, mujer.

Encarna - Sí que la ofendes con tus chirigotas.

Agustín - Espejismos tuyos.

Encarna - Bien sé lo que me digo. Claro que tú..., ni cargo que te haces. Además, sabes que a veces se da cuenta, que tiene sus momentos de lucidez, gracias a Dios.

Agustín - Ya lo sé, ya. Entiende lo que le viene en gana.

Encarna - Se te ocurre cada cosa... Sabes de sobra cómo está la desgraciada.

Agustín - Y tanto que lo sé: mejor que yo.*(Le da la espalda y se queda mirando atentamente el reloj de la pared.)*

Encarna - *Dejando de zurcir, irritada.*¡Qué descaro, Dios mío! Te juro que cuando veo cómo tratas a mi santa madre, se me corta el aliento.

Agustín - No seas exagerada, Encarna.

Encarna - Qué descastado te has vuelto.

Agustín - ¡Otra vez!

Encarna - Sí, otra vez. Cien veces si hace falta te lo diré.*(Quetal reanuda el balanceo. Hace Agustín un ademán de desenfado.)* No estará por demás porfiar, no. A fuerza de repetírselo a lo mejor caes en la cuenta y modificas tu bárbaro proceder.

Agustín - *conteniéndose.*No me atosigues, mujer.

Encarna - *suspirando.* ¡Con una anciana!... ¡Con una venerable anciana!...*(Cómico cambio de miradas entre Agustín y Quetal.* ¡Toda una beata!

Agustín - *Aparte.* Beatus ille...

Encarna - ¿Le va bien, madre?. *(Sigue Quetal balanceándose y rezando.)* No contesta por dignidad, por dignidad total, perfectamente.

Agustín - *aparte.* O por debilidad mental, seguramente.

Encarna - ¿Oyes lo que te digo?.

Agustín - *con fastidio.* Sí, sí, claro.

Encarna - Pues recapacita, que falta te hace.

Agustín -*volviéndose.* Pero, con qué me sales ahora, Encarna. Qué es esto. ¿Adónde quieres ir a parar.

Encarna - Y aún te atreves a preguntármelo. ¡También es frescura la tuya, hijo!.

Agustín - Pues qué.

Encarna - Pues iré al fondo.

Agustín - Ya estamos en el fondo.

Encarna - Mira, no te hagas el inocente que yo no me mamo el dedo.

Agustín - Lo sé, lo sé...

Encarna -*Reflexionando.* Si esto no podía seguir así...*(Pausa. Subiendo el tono.)* ¡Si esto tenía que reventar, y esta noche zaz!, reventó, a lo que veo. Porque lo que es esta noche me vas a escuchar, ya lo creo.

Agustín - *Desganado.* No, Encarna, no.

Encarna - ¡Sí senor!

Agustín - Esta noche, no, por Dios.

Encarna -¡Calla hereje! No pronuncies en vano lo que tan poco respetas. Hasta ahí podíamos llegar. *(Pausa.)* Cuando pienso en todo lo que hice por ti y sigo haciendo... Hasta parece mentira.

Agustín -*Sorprendido.* ¿Cómo...? ¿Hacer qué?.

Encarna - Hacer todo.

Agustín - *Enojado.* El qué, mujer.

Encarna - ¡Todo! *(Pausa.)* Hasta esto he de hacer. *(Blande los calcetines en el aire).* Zurcirte calcetines. Mirar siempre por tus cosas. Reparar todas tus distracciones. Qué sé yo. Atenderte con esmero y sacrificio como una perfecta casada española, perfectamente.

Agustín - *Irónico.* ¡Arriba España! *(Aparte.)* Perfectamente.

Encarna - No empieces con tus gansadas, que luego te vas a arrepentir. *(Pausa.)* ¿Y qué saco yo con tan buena voluntad? ¿Quieres decírmelo? ¿Qué pago me das tú, di?

Agustín - El que me dan a mí de la pensión. Cuatro perras y ahí te pudras. Así va esto.

Encarna - ¡Disparates!.

Agustín - La pura verdad.

Encarna - Y encima desagradecido. *(Pausa.)* ¡Córtate las uñas de los pies, anda!.

Agustín - *Mismo juego.* Bueno. ¿Dónde están las tijeras?

Encarna - *Alza los hombros. Silencio. Se oye el murmullo místico de Quetal, ensimismada en sus rezos.* Y toda esa hiel por la maldita manía que te ha entrado este invierno. ¡Escribir!

Agustín - *Soñador.* Escribir, escribir...

Encarna - ¿Anda equivocada?

Agustín - Claro que no. *(Aparte)* ¡Faltaría más!...

Encarna - *Satisfecha.* ¿Ves como acerté? Ya lo decía yo, ya. A mí nunca se me escapa nada, gracias a Dios.

Agustín - *Burlón.* Nada, mujer, nada. Tú siempre estás en lo cierto. Tú jamás te engañas. Tú...

Encarna - *Interrumpiéndolo.* ¡Basta, basta! Déjate de pamplinas. Yo no le veo la gracia.

Agustín - *Serio.* Ni yo.

Encarna - *Suspirando.* Dichosa prosa. *Aparte)* Así dice él, prosa... Pues ahora me entero. Sabe Dios de dónde sacará él esas palabrotas. Prosa..., así será de sosa.

Quetal - *Lanza de nuevo su histérica risilla y se pone a gesticular.* ¡Ji, ji, ji! ¡Ta, ta, ta. ta!...

Encarna - Madre, madre, cálmese, por la Virgen del Carmen. Si no es más que un achuchoncito... Así, así...

Agustín - *(Aparte)* Un achuchoncito...

Encarna - *Mientras va cesando el acceso de Quetal.* Así, madre, así. ¿Ve usted? Ya se le pasó. Así, así, tranquilita. *(Silencio. Provocadora y repentinamente, mirando a Agustín.)* ¿Qué haces ahí pasmado? *(Pausa.)* ¡Dichosa prosa!

Agustín - ¡Y dale! *(Deteniéndose de nuevo ante el reloj de pared y mirándolo atentamente.)* Otra vez parado. Y la jaula vacía. Siempre lo mismo. Así está todo.

Encarna - Escribir, escribir...

Agustín - *Volviéndose.* ¡Déjalo estar, Encarna!

Encarna - *Deja de coser y se agita.* Dejarlo, dejarlo... Qué pronto echas en olvido mis repetidos consejos. Si no puedo callarme, Agustín, porque esto es superior a mis fuerzas. Y si yo no miro por ti, dime, ¿quién lo hará?

Agustín - *Intrigado.* Pues, ¿qué ocurre? ¿Qué es? A ti no hay quién te entienda. Esclarece de una vez tus misteriosos enredos.

Encarna - ¿Más claro lo quieres?

Agustín - Di, mujer, di.

Encarna - Pues te lo voy a decir. Y para empezar, mírate. Sí, hombre, sí, mírate. *(Va Agustín hacia el espejo y se contempla detenidamente.)* Lo que es yo, apenas te reconozco.

Agustín - *Con agrio humor.* Hombre, pues es cierto. ¿A qué negarlo? Una arruga por aquí... Otra por aquí... Ah, y estos pobres ojos, ya casi sin luz ni vida... Y los párpados secos como un higo... Y esta maldita calva que avanza sin piedad... Buenos estamos, buenos. De capa caída. *(Volviéndose.)* Por una vez te doy la razón, sí señora.

Encarna - Tómalo a chirigota, sí, que la realidad está ahí, bien presente. ¿Te das cuenta? Ni tú mismo te reconoces. Y esto no es más que el escote del vestido...

Agustín - Magnífica metáfora. *(Aparte.)* ¿De dónde la habrá sacado?.

Encarna - El espejo no engaña a nadie.

Agustín - ¡Claro que no! Para eso no necesito espejos.

Encarna - Pues más cambiado estás por dentro que por fuera.

Agustín - *Acercándose a Encarna.* Ah, era eso.

Encarna - Sí, eso es.

Agustín - *Sereno y decidido.* Ya me lo figuraba, mujer. Todo ese enigmático rodeo para llegar hasta aquí... Se te ve el plumero, Encarna.*(Pausa.)* A propósito, delicadilla te has vuelto, de veras. *(Tiempo.)* Sí, te veo venir del mismo modo que he visto como llegaban hasta mí, últimamente, los escasos ánimos que ya daba en definitiva por extraviados. Bienvenidos sean estos últimos coletazos. *(Pausa. Da unos* *pasos.)* Mira, para ir al grano sabe que esta noche, como de perlas vienen tus sagaces observaciones llamémoslas así... *(Más decidido.)* Porque a mi vez yo me pregunto, ¿cómo quieres que yo me reconozca? ¿Aquí en esta santa casa, en esta santa ciudad, en este santo país?... Cierto que el tiempo acaba irremediablemente con uno: con mirarse en el espejo *(Suspirando.)* ¡cruel espejo!... Pues qué, ¿no es la ley natural? Cumpliendo el Tiempo con su función, yo con él no me meto, porque resultaría absurdo hacerle frente; allá él y su conciencia, si la tiene. Pero la vida nuestra, este sistema cotidiano de cal y canto que nos ha tocado en gracia, a fuerza de inmóviles años y de amargos daños, lo acelera todo, y de tal modo, que acaba con el pellejo de uno antes de tiempo. ¡Triste anticipación contra natura! ¿Me sigues?...*(Hace Encarna un movimiento de desaprobación y le da en parte la espalda.)* Y es precisamente esta última metamorfosis la que más duele: el vil envejecimiento impuesto. Esta infame presura que ningún varón juicioso y honrado es capaz de contener en su buche. ¿Me sigues, Encarna? *(Silencio.)* Qué pena.*(Con énfasis.)* Mas un día, uno de esos días graves y resueltos, como para un suicidio *(Hace Encarna la señal de la cruz)*, se dispone uno a combatir con las escasas armas de que disponga... contra ese incansable enemigo que no se duerme en sus laureles y acecha de continuo como una fiera rabiosa, y al primer salto te mata, excuso decirte. Mis armas son cortas y limitadas, lo sé de sobra, pero de algo servirán unidas, junto a las demás.

Encarna - *Escandalizada.* ¡Ave María Purísima!... ¿Será esto de oír?... ¡Cambiado, recambiado y requetecambiado estás!.

Agustín - *Dueño de sí.* Si no lo pongo en duda, Encarna. De veras que no lo pongo en duda. Aunque lo de requeté... Mira, para que lo sepas, tampoco tú eres la misma, ¿o no te das cuenta? Y no solo por tus canas, que dicho sea de paso, te sientan la mar de bien, sino porque también tú vas rodando, por la otra pendiente, claro, de este artificioso tobogán que la Nueva Feria, con mayúsculas, se entiende, ha instalado. ¡Si de esta fiesta no nos libra ni Cristo!... Estamos atrapados. Encarna, los dos. Nos han borrado nuestras respectivas ilusiones, las más elementales, que no por lo dispares dejan de ser auténticas esperanzas de cada individuo, que yo respeto. ¿Y sabes cómo? Pues sin cambios, paralizándonos, que es lo peor que le pueda caer encima a un hombre. A ti, machacándote sin tregua tus naturales inclinaciones; a mí, pisoteándome las mías. Esto es lo que nos transforma y trastorna. Ni más ni menos.

Encarna - ¡Jesús! Pero, ¿qué dices?.

Agustín - Lo que oyes.

Encarna - ¡Disparates, bobadas! Cosas de libros, política, de masones. Así estás tú, fuera de tus cabales.

Agustín - Es asunto mío. Y también lo sería tuyo si acertaras a cavilar por ti misma.

Encarna - *Conteniendo la ira.* Desde que le das a la pluma..., hijo, muy pinturero estás, y esta noche aún más, hay que ver... Pero tú a mí no me la das, ni con tu labia ni sin ella, ¿o qué te figuras? Insinuar que en este país, en este santo país, gloria y orgullo de...

Agustín - *Interrumpiéndola.* ¡Encarna!, por lo que más quieras, no me salgas con tus delirios patrióticos, que ya sabes se me envenena la sangre. Si no deseas discutir de lo que aún merece la pena, pues adiós muy buenas, y dejemos la fiesta en paz.

Encarna - Como quieras, hombre, como quieras. *(Pausa.)* Pero permíteme decirte al menos, que es mi deber, como esposa que soy, aconsejarte y hacerte ver...

Agustín - *En voz baja.* Ya salió la oratoria casera, ésa que dan en conserva.

Encarna - *Subiendo el tono.* ¡Hacerte ver, sí, guasón, pero cuándo te entrará la formalidad!, que no se trata de mí, ni de los demás, ni de la China, sino de ti. Si al menos te hicieses cargo de lo desmejorado que te ha puesto ese desatinado capricho de escribir esas **Memorias Críticas**, o lo que sea.

Agustín - *Secamente.* Eso es, y a mucha honra.

Encarna - *Agresiva.* ¡A la vejez, viruelas! Y encima la escritura, si ese nombre merece, te está sorbiendo el seso.

Agustín - ¡Ah!... Ya te entiendo, mujer. ¡Acabáramos! Porque no sólo se trata de mi salud, que dicho sea de paso, te importará un pepino, pese a tus cuentos, sino, ¡ahí está el quid!, de mis supuestas dotes literarias, por supuesto. No le des más vueltas, que ya caí. Te felicito por esa sinceridad de que tanto adoleces de ordinario.

Encarna - Llámalo como quieras. *(Señalando a su madre.)* El caso es que ella y yo pagamos las consecuencias.

Agustín - *Mirando a Quetal.* ¡Las consecuencias!... Buena es ésa. *(Quetal mira a Agustín de soslayo y le hace un brusco ademán despectivo y tuerce la cara del otro lado. Agustín le contesta con una mueca burlona, cómica. Da vueltas por el comedor.)* ¡Las consecuencias!...*(Silencio.)*

Encarna - Me estás poniendo nerviosa con tanto paseo. Siéntate un rato. Descansa. Te irá mejor.

Agustín - Ni hablar.

Encarna - Lo que yo digo: enfermo te has de poner. A suponer que no lo estés ya. ¡Qué cruz!, ¡Dios mío!. ¡Qué cruz!... ¡Qué cruz!...

Agustín - *Deteninédose y tapándose los oídos.* ¡Jo, jo, jo, jo! ¡Corta!, ¿quieres?

Encarna - ¿Con groserías me sales ahora? ¡Maleducado!

Agustín - *Risa sarcástica.* ¡Ja, ja, ja! *(Imitando a Quetal.)* ¡Ji, ji, ji, ji! ¡Ta ta ta ta!

Quetal - *Contagiada, pataleando y braceando.* ¡Ji, ji, ji, ji!... ¡Ta ta tá!...

Agustín - *Animándose, forzado.* Siga, doña Remedios, ¡siga!... ¡Así se hace, con salero! *(Mueve los brazos como un director de orquesta frente a Quetal.).* ¡Dele, dele! ¡Hoy es fiesta! ¡Fiesta, fiesta!... ¡Tremendo, tremendo, sí señora!... ¡Ni Lola Flores!. *(De repente Quetal deja de agitarse. Se pone a rezar el rosario.)* ¿Ya?... ¡Vaya, hombre! *(Alzando los hombros.)* Poco duró la alegría.

Encarna - *Se ha ido levantando y acercando a Agustín; feroz.* ¡Hipócrita! ¡Desvergonzado! ¡Masón! Un espectáculo así en esta mi casa... ¡Qué bochorno! *(Se dirige hacia el aparador, saca algo y lo besa de espaldas a la escena luego lo guarda. Se vuelve, hace la señal de la cruz y se sienta de nuevo.)* ¡Qué desfachatez! ¡Qué inri, Dios mío! Se me cae la cara de vergüenza, de veras que se me cae la cara de vergüenza. ¡Si esto no es vida!...

Agustín - Atinado juicio.

Encarna - ¡Si esto es un infierno! *(Se pone a coser.)* Espérate, espérate, que así que termine me vas a oir.

Agustín - *Pensativo.* Un infierno... Un infierno... *(Aparte.)* ¿El infierno de dónde?... ¿Será esto el infierno de nuestro perdido planeta?...

Ahora que ya no somos el centro del universo... Pues a lo mejor tiene ésa razón. Un infierno... Un infiernito.... Con incandescentes altavoces que despiden llamas, y se meten por los oídos... *(A Encarna, mirándola.)* A propósito, ¿dieron el santo parte? *(Encarna no se da por aludida y sigue con su faena.)* ¿Dieron el parte, Encarna?.

Encarna - *De mal genio.* Dieron.

Agustín - No falla. ¿Qué noticias hay?

Encarna - Lo de siempre.

Agustín - *En voz baja* Qué pena. Esto no cambia ni a tiros.

Encarna - *Intuitiva.* ¿Qué dices?

Agustín - Nada, mujer, nada.

Encarna - Pues me pareció que decías algo. *(Hace Agustín un ademán en señal de inocencia. Risilla de Quetal.)*

Agustín - *Poniendo un dedo en los labios y mirando a la vieja disimuladamente.* ¡Chivata! *(Redobla Quetal la risilla.)*

Encarna - Madre...*(Calla Quetal.)*

Agustín - ¿Me dirás ya lo que dijeron en el santo parte, Encarna?

Encarna - *Sonriendo* Dijeron que...*(Seria.)* Bueno, nada.

Agustín - *Intrigado.* ¿El qué? ¿Qué dijeron?

Encarna - *Fingiendo mal.* Que no dijeron nada hombre.

Agustín - Encarna, te lo suplico, dime lo que dijeron en el parte. No te hagas de rogar, anda. Si ya me estoy yo oliendo algo. Si el año nuevo traerá buenas sorpresas, pero buenas. ¿Lo sueltas ya?

Encarna - ¿Para qué?

Agustín - Y dale. Para saberlo.

Encarna - ¿Para que sueltes una burrada?

Agustín - *Acercándose, resuelto.* ¿Me lo vas a decir de una vez?

Encarna - Bueno, si te empeñas... Por Semana Santa viene el Caudillo, aquí, a nuestra ciudad.*(Aparte.)* ¡Ráscate!

Agustín - *Descompuesto.* ¿Cómo dices?... ¿Quién?... ¿Adónde?...

Encarna - Por Semana Santa tenemos aquí al caudillo. Eso han dicho en el parque hace un rato. Será un verdadero acontecimiento. Figúrate, un acontecimiento histórico. Te lo puedo jurar si no me crees.

Quetal - *Dejando el rosario en su regazo y aplaudiendo frenética.* ¡Ji, ji, ji, ji,!... ¡Ta ta ta ta!...

Encarna - Sí, madre, sí, puede usted celebrarlo como se merece. Tiene usted más razón que una santa.

Agustín - *Va decidido hacia el aparador.* ¿Dónde están? *Busca algo en los cajones.)* ¿Dónde los has metido?

Encarna - ¿Qué buscas? *(Comprendiendo)* Ah, otra vez... Están en el segundo cajón de la derecha. Abre despacio, no me vayas a estropear la empuñadura.

Agustín - *Aparte* Esta sí que es buena... ¿Será posible? Conque viene... Pero, ¿querrá torearme? *(A Encarna.)* No intentes tomarme el pelo, Encarna. ¿Quién dijiste que iba a venir, aquí, a nuestra ciudad?

Encarna - No te hagas el desentendido. Bien que me has oído. Vendrá el Caudillo. El Cau-di-llo, perfectamente.*(Voces ininteligibles de mal humor de Agustín.)* Hijo, ¿qué dices?

Agustín - Nada mujer, nada. *(Coge una caja de medicamentos y comprueba su contenido.)* Ya sólo quedan dos.

Encarna - Hombre, claro. Consumes tantos...

Agustín - Padezco, ya lo sabes.

Encarna - Perezas. **Agustín** - *Con desenfado.* No son perezas, mujer. Es el vientre. El vientre y los garbanzos.

Encarna - No te sulfures, hijo, que después te da mal sueño y me paso la noche en vela.

Agustín - *Serio.* Descuida. Esta noche no te molestaré.

Encarna - ¡Ojalá!

Agustín - *Yendo hacia la izquierda con la caja de medicamentos.* ¿Queda agua caliente?.

Encarna - Dejé una olla puesta en el fogón, por si acaso... Si yo he de estar en todo. Estará tibia. Coge el cazo viejo.

Agustín - *Molesto y volviéndose.* No seas exagerada, mujer. Me basta con una cuchara.

Encarna - Coge entonces la que está rota, la de los geranios ¿oyes?... ¿Oyes lo que te digo?

Agustín - *Saliendo* Ya, ya...

Cuadro Tercero

Encarna - *Se levanta y suspira.* Uf, un respiro, gracias a Dios. *(Va hacia Quetal.)* ¿Estamos bien, madre? ¿Pero todavía reza usted?... Cansadita estará, ¿no? Ande, déjelo por esta noche, que ya se ganó bien el Cielo hoy. *(Se enfurruña Quetal como una niña.)* Ande, deme usted el rosarito, que mañana se lo devuelvo en cuanto se despierte, de veras. *(Ridícula actitud de resistencia y mimo de Quetal.)* ¿A que sí que me lo da?... ¿A que me va a dar el rosarito como los angelitos dan caramelos de café con leche a los niños buenos?... *(Cede Quetal de mala gana. Coge el rosario Encarna y se lo guarda en el bolsillo.)* ¡Mire usted qué buena!... ¿Cuántos misterios rezó hoy, madre? A ver, ¿diez?..., ¿quince?..., ¿veinte?..., ¿veintiuno?..., ¿veintidós?..., ¿veintitrés?... *(Ríe Quetal ferozmente y aprueba la cifra con grandes aspavientos.)* ¡Veintitrés!... ¡Veintitrés rosarios!... ¡Qué devoción, qué valor, qué fe!... ¡Si esto es una hazaña, vaya si lo es! *(La besa.)* Y encima con la presencia de ese ateote en casa. ¡Veintitrés rosarios!...¡Ni los cartujos, madre, ni los cartujos!...¡Asombroso! Apuesto a que acaba de establecer usted un nuevo récord, de veras. ¡Qué ejemplo, Virgen del Carmen!...*(Burlesca reacción de contento de Quetal.)* Perfectamente madre, perfectamente...Y la de las ánimas del Purgatorio que habrá salvado esta noche... Qué gozosas andarán volando, y la de bendiciones que le echarán desde la Gloria...¡Si no es para menos!...En los altares debería estar, madre, en los altares...Es usted una santa, así como se lo digo, toda una santa.*(Pausa.)*Bueno, ahora a descansar un ratito, ¿eh?, que luego la llevo a la camita.Verá usted que calentita estará.*(Suspirando.)*Si todos fueran como usted....*(Va hacia el centro de la escena.)* Por desgracia no todo es santo en esta casa, ni mucho menos. Ay, qué pena tan grande me entra cuando lo pienso. Ya ve usted lo que me pasó a mí con ése...¡Linda lotería! Tener una que sufrir semejante carácter...Y cada día más arisco está. Mártires somos, créamelo. Bien merecido tenemos el cielo.*(A media voz, en confidencia.)* Y todo porque se ha empeñado en escribir ahora cosas que no sabe escribir. Le digo, madre, que ése ni siquiera acierta a coger la pluma como Dios manda.¡Escribir!...

¡Qué ha de saber él!... Ocurrencias, nada más que ocurrencias...
Bastante apurado andaba el pobre cuando iba a la oficina y copiaba
las cartas de los jefes, copiar y gracias. Lo sé de buena tinta...¡Aquellos
sí eran hombres de provecho!...¡Qué autoridad, qué severidad, qué
seriedad! ¡La de cosas que sabrían ellos, figúrese! Pues qué, el
fanfarrón de Agustín, venga a quejarse y a desollarlos vivos. Envidio-
so que estaba...*(Pausa.)* Si yo lo sé todo, madre. Si esto se lo oí yo a
él por casualidad, una tarde en la escalera, de palique con el patán de
Cosme, el portero. ¡Tal para cual!... Y qué buenas migas hace ese par
de deslenguados...¡Escribir, escribir!...*(Pausa.)* Lo que yo digo: cada
uno a lo suyo, y ite misa est lo demás son disparates y ganas de meterse
en camisa de once varas.*(Mira hacia la cocina. Con misterio.)* Y si
solo fuera eso, ¡adiós muy buenas! Pero, qué va. Agustín, venga a
demoler, a criticar, a maldecir. ¡Será cateto! *(Suspirando.)* Si supiera
usted, madre, las ideas que expone sin comedimiento alguno...¡Si esto
no es de contar!... Qué atrevimiento, Señor. Dígamelo a mí. *(Acercándose a su madre.)* Mire usted, sin ir más lejos, ayer , sin querer,
que a mí me importa un bledo sus papeluchos, leí unas cuartillas que
escribió recientemente y me quedé pasmada. ¡Una de despropósi-
tos!... En mi vida vi tal cosa. Pero, ¿de dónde sacará ése esas patocha-
das?...Pues a lo mejor de ese maldito Ru, se, a, u. ¡Ruso había de ser!...
¿Y querrá saber lo que hice? *(Gestos cómicos de Quetal a la expec-
tativa.)* Pues eché al fogón el libraco del franchute ese.*(Estalla Quetal
en risas y gestos violentos. Se balancea.)* Perfectamente, madre,
perfectamente. *(Pausa.)* **¡Memorias críticas!**... ¡Será majadero!... Y
qué callado se lo tenía el muy zorro... Noche tras noche trabajando de
socapa hasta las tantas de la madrugada, y haciéndonos creer que, por
fin, leía ese montón de revistas que nos pasó el padre Damián... Ni
abrirlas, siquiera. ¡Sacrílego!... Y encima consumiendo luz. ¡Qué
despilfarro, Virgen Santa!... *(Con desprecio.)* **¡Memorias críticas!**...
Memorias cretinas, sí serán. *(Pausa.)* ¡Qué sabrá ese ignorante!... Si
tiene menos talento que yo. Pues qué, ¿se tomará por..., por, qué sé
yo, por el **Nunamudo** ese?... Pobre iluso. Escribir, escribir... ¡Agustín
escritor!... Ahí es nada. ¿Quién dice más? Si esto es para morirse de
risa. ¿Ese Juan Lanas escritor?... Cómo va ese alcornoque a medirse
con tanta autoridad de pluma: cardenales, obispos, ministros y demás

jefazos?... El, un chupatintas de tercera toda su vida, un cero a la izquierda... Quien manda, manda. Formalidad y respeto, perfectamente. Estaría bueno que cada cual dijera y expusiera lo que le viene en gana. Pero, ¿adónde iríamos a parar?... *(Hace un ademán con el brazo hacia la izquierda.)* Ese, en la cárcel termina, se lo digo yo. Y si no, al tiempo. Bien empleado que le estará. *(Va hacia la izquierda. A Agustín.)* ¿Está todavía caliente?

Agustín - *Entre bastidores. ¿Eh?... ¿Qué?...*

Encarna - Que si está todavía caliente el agua.

Agustín - Sí, mujer, sí.

Encarna - Ten cuidado con lo que haces, no vayas a salpicarme el piso, que acabo de fregarlo.

Agustín - *Irritado.* Pero, ¿qué dices?... Si no te oigo. Déjame que termine.

Encarna - *A su madre.* Está sordo como una tapia. Si no es extraño. Con esas ideas en la cabeza... *(A Agustín, en voz alta.)* Ojo con el suelo, que está limpio. ¿Oyes?...

Agustín - *Mismo tono. ¿Qué?...* Mujer, espera, no seas pelma.

Encarna - ¿Se da cuenta, madre?... ¿Será esto de tolerar? Pues así me contesta ahora. ¡Qué frescura, Señor! Peor que un carretero, peor. *(Juntando las manos.)* ¡La paciencia que una ha de tener!...*(Imita Quetal a Encarna y mueve patéticamente la cabeza.)* Perfectamente, madre. Se expresa usted de maravilla. ¿A que lo está poniendo verde por dentro?... ¿Ve, ve cómo la comprendo perfectamente?... Si con mirarla a usted se le ve todito escrito en su santa cara. ¡Qué entereza la suya ante el sufrimiento! Hermanita de Santa Eulalia de Mérida parece usted, ya lo creo. *(Suspiros y lamentos.)*

Cuadro Cuarto

Agustín - *Entra ajustándose el cinturón del pantalón. Cesa Quetal el mivimiento de la mecedora.* ¿Qué demonios andabas gruñendo? Siempre molestando. ¿No sabes que estaba ocupado.?

Encarna - No he de saber.*(Con ironía.)* Bien conozco tus ocupaciones. *(A Quetal en voz baja.)* Ya está embistiendo, pero déjele estar que lo que es esta noche, le pongo yo las banderillas. *(A Agustín.)* ¿No me habrás manchado el suelo, eh?

Agustín - No, mujer. *(Abre un cajón del aparador y deposita la caja.)*

Encarna - *Sentándose.* ¿Dejaste todo ordenado?

Agustín - *Cerrando el cajón.* Dejé.

Encarna - ¿Apagaste la luz?

Agustín - Apagué.

Encarna - Siéntate, te irá mejor. Pareces un plantón.

Agustín - *Exasperado.* ¿Me vas a dejar tranquilo, Encarna? ¿Podrá el medicamento hacer su función en paz?

Encarna - Desagradecido.

Agustín - ¿Desagradecido yo? Mira tú que sandez.

Encarna - Perfectamente. Vergüenza da decirlo en presencia de mi santa madre, imposibilitada ahí en una mecedora, y padeciendo en silencio.

Agustín - Encarna... *(Aparte.)* Esta noche tiene ganas de gresca

Encarna - Sí, desagradecido, que lo tuyo ya no tiene nombre. Porque ten presente una cosa: si me hubieras escuchado, hoy no estarías como estás, y me echarías bendiciones. Y no me des más la lata con los dichosos garbanzos, que gracias a Dios ya muy pocos comemos en esta casa.

Agustín - Cuatro veces a la semana.

Encarna - No abultes, no abultes. Tres veces nada más: los lunes, miércoles y viernes, y por abstinencia, claro. Si lo tuyo es un castigo del cielo.

Agustín - Esto es el colmo. *(Se dirige abrumado hacia la puerta de la derecha. Se levanta Encarna, altiva, y emprende la dirección contraria. Repentinamente, suena el timbre de la puerta de la escalera. Agustín y Encarna se detienen, se vuelven y se miran sorprendidos. Risilla de la vieja imitando el timbre.)* Vaya, hombre.

Encarna - ¿Quién será a estas horas?

Agustín - Ve tú a ver, yo no puedo ahora.

Encarna - No puedes, no puedes.

Agustín - Mujer, el medicamento.

Encarna - Siempre he de ser yo la que dé la cara. ¡Valiente jefe de familia!...

Agustín - Encarna, compréndelo. ¿Cómo quieres que...? *(Sale malhumorado.)*

Encarna - ¿Lo ve usted, madre? Pues siempre la misma canción. A lavarse las manos como Pilatos. A que los demás le saquen las castañas del fuego. *(Suspirando y subiendo el tono.)* No morirás de cornada de burro, no. *(Suena de nuevo el timbre.)* Va, va.*(Se dirige decidida hacia la izquierda. Ruido de puerta. Retazos de una conversación entre Encarna y una persona.)* Muy bonito, sí señor... Veinte años, claro... Y cuarenta también, ya lo verá... Perfectamente... Precioso... Tenga. Felices Pascuas... Adiós, adiós.*(Entretanto, Quetal aguza el oído. Cómicos gestos de fisgona. Se oye el ruido de la puerta al cerrarse y aparece Encarna con un gran calendario en la mano. Se queda mirándolo con agrado, ensimismada, en medio de la escena. Grotescos ademanes de Quetal que desea verlo. Ruido del sifón del aseo. Entra Agustín.)*

Cuadro Quinto

Agustín - ¿Quién era?

Encarna - Los bomberos.

Agustín - ¿Hay fuego en casa?

Encarna - *Sentándose* Fuego, no, disgustos.

Agustín - Dale bola, ¿Qué querían?

Encarna - El aguinaldo. Dejaron esto, toma. *(Le da el calendario. Agustín examina la tapa colorada con atención; muecas de sorpresa.)* ¿Cerraste bien el cuarto?

Agustín - Cerré.

Encarna - ¿Te fue bien?

Agustín -- *Distraído, sigue mirando el calendario.)* Regular.*(Sonríe desganado. Detrás, curiosa, Quetal alarga el cuello.)*

Encarna - ¿Por qué sonríes? ¿Qué tiene de gracioso?

Agustín - *Absorto con el calendario.* ¿Eh?...*(Pausa.)* Cada vez tienen peor gusto. *(Mueve la cabeza.)* ¡También hace falta valor para presentar esto!

Encarna - Pues a mí bien que me gusta. Parece un cuado moderno, como se estila ahora.

Agustín - ¿El qué? *(Mira a Encarna perplejo.)* ¿De qué hablas?

Encarna - ¡Tú estás en el limbo, hijo! ¿De qué voy a hablar? Pues de esa reproducción del calendario; de ese cuadro.

Agustín - ¿Qué cuadro?

Encarna - *Enojada y señalando con la mano.* ¡Eso! ¿No es un cuadro acaso?

Agustín - *Despectivamente.* Un cuadro...¡Ocurrencias de mal gusto! Un cuadro.... ¿Qué cuadro ni que ocho cuartos. ¿A esta infame caricatura llamas cuadro.

Encarna - *Engreída.* ¡Sí señor! Ocurre que es moderno; eso es todo. Su mérito tendrá. Pero para entenderlo hay que ser de otro leño que el tuyo.

Agustín - Gracias.

Encarna - De nada.

Agustín - *(Desairado, deja en la mesa el calendario.)* Su mérito tendrá... tendrá... Así andamos. Vivimos de hipótesis, de camelos, en lo que toca al arte.

Encarna - Ya te me estás poniendo otra vez intelectual.

Agustín - No, mujer, no. No me pongo de ninguna manera. Me pongo en mi puesto, sencillamente.

Encarna - *Imitándolo con guasa.* ¡Me pongo en mi puesto! *(Risilla de Quetal.)* Madre... *(Calla Quetal.)* ¿Y qué puesto es ése?... Si se puede saber.

Agustín - El que dice no a esos monigotes colorados, ¿te enteras?

Encarna - No te pases de listo y pon en claro lo que tan lindamente pataleas, que así no hay modo de entenderse. Pues, ¿qué tiene ese calendario de malo....*(Sonríe con ironía.)*, según tu juiciosa opinión, claro?

Agustín - ¡Todo! ¿A qué rodeos? El dibujo, los colores, la leyenda, ¡todo! Y lo que es peor: su pretendido significado.

Encarna - *Severa y seria.* Sí, hombre, sí, lo que es a frescura, no te gana nadie.

Agustín - No faltes, Encarna.*(Silencio.)*

Encarna - *Tono conciliador.* Mira, Agustín, yo no voy a llevarte la contraria por el gusto de llevarte la contraria, que ya sabes que obrar así nunca fue mi propósito *(Hace Agustín un ademán de desacuerdo.)*; pero me consta que cuando las autoridades competentes han decidido ponerle al año nuevo ese dibujo, con el mapa de España y todo, y esa acertada leyenda de "39 - 59, veinte años de paz", y esos preciosos motivos de paz y bienestar, que tanto nos envidian en el extranjero... *(Nuevo mohín de desaprobación de Agustín.)*, pues por algo será. Su mérito tendrá, digo yo. *(Breve arranque histérico de Quetal.)* Perfectamente

Agustín - ¡Y dale con el mérito! Y venga patria, imperio y paz en conserva, mientras que uno va achantando y se ve ridiculizado por un venal brochista oficial, sin agudeza ni nada... Así está el arte y lo demás. Y nosotros, por supuesto.

Encarna - ¡Ya salió la envidia del rojete!*(Le echa una mirada cómplice a Quetal.)* ¿Lo oye usted, madre? ¿Podrá esto creerse?*(Quetal asiente con irrisorias muecas.)* Te tengo dicho que no me hace ni chispa de gracia que te mezcles en politiquillas ni de cerca ni de lejos. ¿Estamos?

Agustín - ¡Pero qué políticas ni que niño muerto! Ni siquiera de eso se trata, sino de decencia y de dignidad.

Encarna - *Levantándose.* Bueno, allá tú. *(Coge el calendario y va hacia su madre.)* Bien están las cosas como están; por cierto, muy bien encarriladas, gracias a Dios.

Agustín - ¡Amén! *(Se sienta.)*

Encarna - *Presentando el calendario a Quetal.* ¿A que es un lindo cuadro, madre?*(Quetal aprueba con sus peculiares gestos y su risilla. Juego cómico.)* ¡Hasta la pobre entiende!...*(Agustín sigue la escena con sorna.)* Si cuando hay buena voluntad...*(Mira a Agustín con intención; éste se levanta, da unos pasos y vuelve a sentarse, visiblemente cansado. Encarna se pasea y prueba a colocar el calendario en las paredes del comedor, mientras canturrea, latosa, una patriótica canción. Actitud coqueta.)* ¿Dónde lo pondré... ¿Dónde lo colgaré?... ¿Estará bien aquí?... ¿Mejor aquí?... *(Mira a Agustín.)* ¿Qué te parece? ¿Estará mejor aquí?

Agustín - *Mirando al suelo.* Mejor en el excusado.

Encarna - ¡Grosero! *(Está delante del aparato de radio; coloca el calendario encima, contra la pared.)* Pues aquí no estaría mal... Sí, lo colgaré aquí.*(Se vuelve hacia Agustín.)* ¿Hay chinchetas? *(Silencio.)* ¿Hay chinchetas?

Agustín - *Ausente.* ¿Eh?...*(Alza la cabeza.)* ¿Qué?

Encarna - *Impaciente.* ¿Hay chinchetas en casa?

Agustín - ¿Para qué las quieres?

Encarna - ¡Toma! Para colgar el calendario. Aquí, encima de la radio, no quedaría mal. ¿Qué te parece?

Agustín - Lo que faltaba. La radio y el calendario juntos.

Encarna - ¿Y qué?

Agustín - ¡Menuda ocurrencia! *(Mirándola con gravedad.)* Ni que lo hicieras a propósito. Tras la cotidiana agresión auditiva, la anual burla visual.*(Con ironía.)* Excelente idea.

Encarna - *Perdiendo la paciencia* ¿Hay chinchetas, Agustín? *(Pausa.)* ¡Contesta, hombre!

Agustín - ¡No las hay, mujer!

Encarna - ¡Mentira! *(Se sienta a la mesa frente a Agustín y se tapa los ojos con las manos; Agustín hace otro tanto. Silencio. Quetal los observa y, de repente, se pone a lloriquear y a hipar como una niña.)* Madre, por Dios, cálmese, no merece la pena. Hay que saber sufrir en silencio.*(Calla Quetal decepcionada. Silencio. Se oyen pasos que suben por la escalera que da a los pisos.)* Ahí viene don Anselmo. ¿Oyes?

Agustín - *Indiferente.* ¿Quién?

Encarna - Don Anselmo, nuestro vecino. Lo conozco en su manera de subir.

Agustín - Bueno

Encarna - A las once y media de la noche. *(Con intención.)* ¡Ese sí que es un hombre de provecho!

Agustín - *Consultando el reloj de bolsillo.* Las once menos veinte.

Encarna - Ahí lo tienes: jubilado, tísico y todavía se ha buscado una colocación. Qué valor señor. ¡A las once y media y sin cenar *(Se oye la tos convulsiva de don Anselmo.)* Qué valor.

Agustín - Está el hombre aviado.

Encarna - ¡Tú sí que estás aviado! ¿Cómo te atreverás?...

Agustín - ¿Acaso no es digno de compasión.

Encarna - Más de compadecer eres tú que él. Don Anselmo al menos se desvive por sacar adelante a su familia, y todo a fuerza de trabajo. Y qué bien se las zapatea.

Agustín - *Pensativo* Trabajo....Voluntad...

Encarna - Sí señor, y con mucha honra. ¡Qué tesón el suyo!... Digno es de admiración y...

Agustín - *Levantándose* Tate, tate.

Encarna - Ahí te duele.

Agustín - *Da unos pasos.* Me duele el vientre.

Encarna - ¿Pero cuándo te vendrá la formalidad?

Agustín - Te digo que me duele el vientre, mujer.

Encarna - No me salgas por la tangente, que te conozco. *(Pausa.)* ¿Y querrás saber lo que me dijo su mujer el otro día? *(Agustín se dirige hacia la puerta de la derecha.)* ¿Oyes lo que te digo?

Agustín - *Va a salir.* No.

Encarna - Espera, hombre, ¿Adónde vas? *(Agustín se detiene y hace un ademán de impaciencia.)* Pues entérate de una vez; están juntando para un coche, de segunda mano, claro. A lo mejor se lo compran para el verano. Un coche, figúrate. ¡Un coche! ¿Te das cuenta?

Agustín - Buen provecho les haga.

Encarna - Pues bien que se pasearán por ahí adelante, ya lo creo.

Agustín - *Volviéndose* Para presumir y aparentar, nada más, y venga a jorobarse durante años y a aguantar mecha.

Encarna - *Dándole la espalda.* Lástima me das. Cuando veo la poca ambición que te queda en las venas...; perfectamente.

Agustín - *Picado.* ¿Ambición?

Encarna - Perfectamente

Agustín - Buena es ésa...*(Acercándose a Encarna.)* ¿A eso le llamas tú ambición?

Encarna - Y tanto.

Agustín - *Sonriendo.* Un coche, un coche... *(Imitando repentinamente el ruido de un motor.)* Ya tenemos coche, **Encarna**... Hala, sube. ¡Ole, morena!... *(Maniobrando un invisible volante e imitando el ruido de un motor.)* ¡Sube, sube, que nos vamos!... ¿Listos, Encarna?... ¡Adelante!....¡Ya arrancamos!... ¡Vivan los coches!... ¡Adiós, adiós!*(Risilla de Quetal que parece contagiada por la parodia y hace señas de* *despedida con una mano.)* ¡Qué velocidad!... ¡Cuidado con esa curva!...*(Cómica reacción de Quetal.)* ¡El freno!... ¡La bocina!...

Encarna - *Simultáneamente indignada.* No me hagas reir, ¿quieres? *(Agustín sigue conduciendo el supuesto vehículo, imitado por Quetal.)* ¿Dejarás de hacer el payaso? *(Autoritaria.)* ¡Agustín!

Agustín - *Parándose en seco* ¡Uf!... ¡Menudo viaje! ¿Llegamos de primero, no?

Encarna - *Adusta.* Puedes burlarte todo lo que te dé la gana... Por más que digas no me convencerán tus chacotas. ¿Sabes?...Es por demás.

Agustín - *Circunspecto.* Ya lo sé, Encarna, ya lo sé. ¿O te crees que no conozco el paño? ¡También a ti te la han dado!... Si lo del coche ya no tiene remedio... Ahora todos anhelan ser dueños de un coche. Es el nuevo prurito que se estila. Es la flamante calentura que les ha entrado, como si un bicho raro los hubiera picado... ¡Icaros con ruedas!..., eso son. Todos con el mismo sueño que les quita el sueño, porque hay que imitar al vecino y no quedarse a la zaga de esa carrera artificiosa. ¡Ni que esto fuera un concurso!... *(Con desprecio.)* ¡Un coche!...

Encarna - Ya quisieras tú

Agustín - ¿Yo?... ¿Yo con un cochecito¿... *(Sonríe y se pone a cantar.)* El cochecito leré, me dijo anoche leré, que si quería leré, montar en coche leré, y...y... ya no recuerdo más. *(Decepción de Quetal que seguía con visible contento la canción.)* Lástima...

Encarna - Búrlate del coche todo lo que te dé la gana, que los que lo tienen, bien pinchos que van y buenas gozadas que se dan.

Agustín - Rosas por fuera y moradas por dentro.

Encarna - Qué sabrás tú.

Agustín - Hablo por lo que veo.

Encarna - Pues ponte gafas.

Agustín - *Picado.* No las necesito.

Encarna - Soberbio.

Agustín - ¿Soberbio?... ¿Soberbio yo?... ¿Qué tendrá que ver una cosa con otra? Ajusta bien tus ideas, Encarna, si quieres que nos entendamos.*(Pausa)* Si cualquiera con dos dedos de frente echa de ver cuál es el intríngulis de esos caballitos...

Encarna - *Cruzándose de brazos, curiosa.* A ver, ¿cuál?

Agustín - ¿Cuál?... Excelente pregsunta. Ahora sí que atinaste. Pues te lo diré enseguida. *(Da unos pasos hacia Encarna. Actitud afectada.)* Lo primero darse postín, postín y puro postín.

Encarna - Anda, que no fuiste tú poco postinero de joven.

Agustín - No me interrumpas, mujer. ¿No ves que estoy intentando aclararte cuál es el intríngulis del cochecito?... Yo jamás presumí de coche, bien lo sabes. Ni maldita la falta que me hizo, que me hace y que me hará. Yo, de acá para allá, como cada hijo de vecino, en el coche de San Fernando: unas veces a pie y otras andando, o si acaso, por mal tiempo, en el tranvía. De modo que no me vengas otra vez con argumentos que no hacen al caso y...

Encarna - *Interrumpiéndolo.* ¿Despachas ya?

Agustín - *Desalentado* Contigo no hay modo de discutir. *(Silencio. Volviendo resuelto a la carga.)* Dime, Encarna, ¿te has fijado en esos nuevos fangios, al volante de esos cacharros de tercera mano que nos mandan del extranjero?... ¿Has reparado en esos cochecitos que fabrican aquí ahora?... ¡Ni que fuéramos enanos!... ¿Entiendes esa extravagante gimnasia sueca que te hacen algunos, sacando sus cabezotas por la ventanilla, ¡para que tú los veas!, así les caiga en ese momento un diluvio encima?... ¿Concibes las señas que te hacen como si fueran cardenales en visita apostólica a una misión?... Y si por casualidad no reparaste en el fangio, en el sueco o en el cardenal, pues te acribillan a entusiastas y ruidosos bocinazos. ¡Gamberros!

Encarna - *Enojada.* ¿Acabaste?

Agustín No

Encarna - Pues acaba de una vez, que ya me estás hartando con tus monsergas.

Agustín Y por supuesto, el gobierno fomentando ese absurdo consumo, que nos arrancará, por lo visto, el bochornoso sambenito de país subdesarrollado que llevamos colgando al cuello. Pero eso nosotros no lo veremos, porque nos habrán atropellado dos veces.

Encarna - *Ofendida.* No, ese país que pintas tú no es el nuestro.

Agustín - Será el Congo.

Encarna - *Se levanta.* ¡Será! *(Va hacia su madre.)* ¡Será!*(Alzando los brazos al techo. La imita Quetal.)* Esto es intolerable, madre. Mire usted que confundir nuestra patria con...

Agustín - Sí que lo es, mal que te pese.

Encarna - *Mirándolo con dureza* Hablas así comido por el resentimiento, porque sabes que tú nunca podrás aspirar a un coche.

Agustín - ¡Linda aspiración!

Encarna - Perfectamente. Menuda vidorra se pegan. Eso sí que es vida.

Agustín - Eso es hacer el mono.

Encarna - ¡Para mono tú! *(Rompe a reir Quetal.)*

Agustín - ¿Qué has dicho?

Encarna - No te hagas el sueco, de sobra me has oído.

Agustín - *Sosegado, pero amenazador.* Mira Encarna que eso no te lo consiento. Hasta aquí podíamos llegar. Y retira en seguida lo que dijiste.

Encarna - *Arrogante, mirando a su madre.* ¿Y si no me da la gana?

Agustín - *Amenazándola con el dedo índice.* Ten mucho tiento con lo que dices, Encarna,. No me hagas perder la paciencia. Y por lo que más quieras, retira lo que dijiste, si no...

Encarna - *Altiva y desafiante.* ¿Amenazas a mí?...*(Se acerca a Agustín con los brazos en jarras.)* ¡Panoli! De nada te valdrán tus bravatas, ¿sabes? De nada te valdrá ponerte flamenco, porque tú ya no asustas ni a una gallina. ¿Estás?... Te dije que esta noche ibas a oirme y lo que es ahora me oirás. ¡Se acabaron las medias tintas! Y lo que voy a decirte es esto. Me das lástima, lástima, y lástima.

Agustín -*Pálido.* ¡Encarna!

Encarna - ¡Fracasado!

Agustín - Encarna, que me están sacando de quicio. Mira que no respondo de mí...*(Parece ahogarse, da unos pasos atrás.)* ¡Retira...!

Encarna - *Iracunda.* ¡De eso, nada! ¿Por quién me tomas tú?... Yo no me vuelvo atrás como una liebre. ¡Lo dicho, dicho!

Agustín -*Con un ahogo en la voz.* Encarna, por Dios...

Encarna - *Braceando, presa de ira.* ¡No lo nombres, fariseo, te prohibo que lo nombres! ¡Con qué derecho!... ¡Calla!, no eches más leña al fuego que te va a pesar. Ya no valen las súplicas ni el perdón. Por fin oyes lo que durante años he guardado para mí, conteniéndome por cristiana que soy, y me picaba la lengua y me escocían los ojos, y todo lo iba aguantando por caridad y sin chistar. Pero ya nada es como antes.

Agustín -*Afligido*. Encarna... Encarna...

Encarna - *Con los ojos desorbitados.* ¡Calla, no pronuncies mi nombre! De nada te servirá. ¡Vete, vete! ¡Apártate de mi vista! ¡Aleja de mí esa pinta de fracasado que apesta a una legua!

Agustín - Fracasado...

Encarna - *Furiosa.* ¡Y más que fracasado! ¡Maldita sea! De la casta rebelde de los que pierden. De la raza de Caín. De los resentidos que se creen todavía en el 36. ¡Quítate ya de mi vista!

Agustín - *Se aleja con andar vacilante.* Fracasado... Derrotado...*(Se encamina abrumado hacia la izquierda.)* Perdido...*(Sale)*

Cuadro Sexto

Encarna - *Satisfecha en medio de la escena que domina con su soberbia presencia.* Ahí va, con el rabo entre las piernas. Es lo suyo. Mucha labia, y luego, le cantas las cuarenta y amilana como una gallina. ¡Que se aguante! *(Quetal parece celebrarlo con risillas.)* Perfectamente, madre. A éstos hay que tratarlos a punta de lanza, y que muerdan el polvo, como los moros. Y esta noche, ¡cruz y raya! Ya iba siendo hora... Falta hacía que alguien le leyese la cartilla. ¿Pues qué se había figurado ese insurrecto? Si esto no podía seguir así... Si la paciencia tiene sus límites...*(Va hacia su madre y le coge las manos entre las suyas, cariñosa. Movimientos grotescos y zalameros de Quetal.)* Bien que le servirá de lección, a ver si escarmienta de una vez. Y bien empleado que le está, por blasfemo y calumnioso. Así hay que hacer, y sin contemplaciones, a cintazos si se tercia, como Jesús con los mercaderes del templo de Jerusalén, ¡apañados estábamos! ¡Si sabrá él con quién se las gasta!... Gracias a Dios, en esta santa casa, usted y yo, defenderemos siempre, y por encima de todo, aquellos sagrados e inmutables valores que nos ha legado nuestra santa historia y nos han transmitido nuestros santos antepasados. ¡Si esto es de ley sagrada!... Usted a rezar, madre, como Santa Teresa, yo, con la espada en alto, si hace falta, igual que Santiago. A luchar y a vencer como en una cruzada...*(Ruido de un disparo y, simultáneamente, breve grito de dolor de Agustín. Las dos mujeres se abrazan espantadas.)* ¡Madre!... ¡Madre!... ¿Oyó usted?*(Presa de gran excitación.)* ¡Un tiro! ¡Un tiro en casa! ¡En el cuarto de Agustín!... ¡Se mató! *(Quetal se cubre cómicamente la cabeza con los brazos, tiembla, gesticula, lloriquea ridículamente.)* ¡Se mató! ¡Agustín se mató! *(Se coge la cabeza entre las manos, alza los brazos al techo.)* ¡Se mató! *(Inesperada reacción, iracunda.)* ¡Cobarde, cobarde! ¡El mayor pecado del mundo!*(Persignándose. La imita Quetal.)* ¡Jesús!... ¡Un suicida en esta mi santa casa! ¡Qué escándalo, Dios mío! ¡Muerto sin confesión! ¡Sin auxilio espiritual! ¡Réprobo! ¡Al infierno de cabeza! ¡Al fuego eterno! ¡Virgen santa!...*(Da unos pasos.)* ¡Socorro!... ¡Socorro, socorro! *(Se precipita hacia la puerta de la izquierda, que se supone es la de la escalera, la abre.)* ¡Socorro!, socorro! ¡Socorro, por caridad! ¡Auxilio, por el amor de Dios!*(Confusión de voces en la escalera, puertas que se abren y se cierran precipitadamente. Ruido de voces y de pasos que se van acercando. Encarna sigue lamentándose.)* ¡Socorro, auxilio! *(Quetal se frota las manos de contento.)* ¡Suban, suban! ¡Auxilio!

VARIAS VOCES, desde la escalera: ¡Va! ¡Vamos! ¿Qué es?

ACTO SEGUNDO

Cuadro Primero

Acoge Encarna con llantos y quejidos a los primeros vecinos que van llegando. Está de perfil a la escena y de espaldas al cuarto por donde salió Agustín.

Encarna - *(Mientras van entrando los vecinos.)* ¡Socorro! ¡Ay don Manuel! ¡Ay, doña María! ¡Pasen, pasen!... ¡Ay, doña Pura y don Anselmo! Ay, don... *(Confusa y molesta.)* Ah, Cosme... Ay, una desgracia, una desgracia...

Don Anselmo *(Tosiendo. Lo seguirá haciendo.)* Cálmese, doña Encarnación, cálmese, por Dios.

Doña María - *Lleva bata.* ¿Pero qué sucede?

Don Manuel - *Lleva puesto un ridículo pantalón de pijama y calza zapatillas.* ¿Qué le ocurre, doña Encarnación?

Doña Pura - Tranquilícese, doña Encarnación, tranquilícese.

Encarna - *Lloriqueando.* ¡Una desgracia! ¡Se mató, se mató! *(Ahogo en la voz.)* ¡En mi santa casa!... ¡Se mató!

Doña María - *Temblando.* ¿Quién, por Dios, doña Encarnación? ¿Quién?

Encarna - *Explosiva.* ¡Agustín!

Cuadro Segundo

(Entra simultáneamente Agustíln, con paso mecánico, grave y digno, esbozando una maliciosa sonrisa. Viste traje de calle y sombrero. Lleva la mano izquierda hundida en el chaleco, en la otra sostiene un maletín de viaje. Retroceden asustados los vecinos. Encarna, que le da la espalda, sigue gimiendo.)

Cosme - *Rústico y perplejo.* ¿Quién dijo usted que se había muerto, doña Encarnación? *(Se ha detenido Agustín, detrás de Encarna)*

Encarna - *Furiosa.* ¡Don Agustín!

Cosme - *Mirando fijamente a Agustín.* Pues me parece que resucitó, doña Encarnación.

Encarna - *Indignada.* ¿Qué dice usted, insensato?

Cosme - Que don Agustín está más vivo que yo, señora.

Encarna - ¡Salga ahora mismo de esta casa!

Cosme - *Señalando con la mano hacia Agustín, y retrocediendo ante la amenaza de Encarna. Decidido.* Mire usted misma, doña Encarnación. ¡Vuélvase!

Encarna - *Volviéndose.* ¡Ah, ah!... *(Horrorizada por la sorpresa.)* ¡No, no puede ser!... *(Se refugia entre el grupo de vecinos.)* ¡No, no es él! ¡No es quien se figuran ustedes! ¡No puede ser! ¡Es imposible!... ¡Un fantasma!... *(Se cubre Quetal la cabeza con el delantal.)* ¡Sí, es un fantasma! ¡Muerto está! *(Gesticulaciones y risillas de Quetal.)*

Cosme - *Con rústica calma.* Pues, ya digo, habrá resucitado.

Agustín - *(Paseándose ante el asombro de todos. Con voz sosegada. Sigue Encarna suspirando.* Sí, querido Cosme, resucitado, como Lázaro, qué duda cabe. *(Se quita el sombrero y lo deja junto con el maletín).* Buenas noches, señores: Agustín Romero, el mismo que viste y calza, y aún respira, por lo visto, para servirles. *(Pausa.)* Lamento que se hayan molestado, señores. ¿Cómo están ustedes?

Vecinos - *Tímidamente.* Bien, gracias... Bien, bien... Gracias...

Cosme - Yo, tirando, don Agustín.

Agustín - ¡Cómo va esa tos, don Anselmo?

Don Anselmo - *Intimidado.* Pues, gracias a Dios... *(Acceso de tos.)* Gracias a... *(Nuevo acceso de tos.)* Gracias... *(De nuevo la tos.)*

Agustín - No me diga más, don Anselmo. *(Tiempo.)* Qué clima tenemos este año, señores. De buena gana lo cambiaba yo por el que acabo de dejar.

Cosme - *Sorprendido.* ¿Viajó usted, don Agustín?

Agustín - *Sonríe.* Un lejano viaje, Cosme. *(Pensativo.)* Muy lejano...

Encarna - *En voz baja.* Muerto está... Es un fantasma...

Agustín - Muerto y resucitado, amigos míos.

Cosme - ¡Arrea!

Agustín - De vuelta del Infierno... Del mismísimo Infierno... *(Inquietud entre los vecinos. Encarna se ha quedado sin aliento y parece rezar.)* ¡La de sudores que pasé allí, señores!... *(Se pasa la mano libre por la frente.)* ¡Qué calores, amigo Cosme!

Cosme - *Crédulo.* Me lo figuro, don Agustín, me lo figuro. Pior que aquí en agosto...

Encarna - *A media voz y secamente.* ¡Cállese!

Cosme - *Obediente.* Sí, señora.

Agustín - *Indicando con la mano el sofá al grupo de vecinos.* Por favor, señores, tomen asiento. *(Insiste. Se sientan los vecinos. Queda Cosme de pie.)* En efecto, amigos míos, de un garbeo de las calderas de Pedro Botero vengo. *(Con énfasis.)* Aquí, donde me ven ustedes, sano, salvo y admirado... ¡Portentoso viaje, fabuloso espectáculo, señores!... *(Tono confidencial.)* Y la de gente que había allí... Ni por asomo me hacía yo cargo de semejante demografía pecadora... ¡Cada pez gordo!... Pero gordo de veras, no crean. ¡Menudo chasco! ¡Cómo está el mundo, señores!... Ni un paso se podía dar por aquellas rutas de tizones y hogueras, por aquellas amazonas de lava, por aquellos himalayas en llamas... A cada brasa se topaba uno con un demonio, con un condenado, con una bruja... ¡Excuso decirles!... No cabía allí ni siquiera una cerilla.

Cosme - ¡Increíble!

Agustín - Increíble, pero cierto, amigos míos. Algo inenarrable e inconcebible para la estrecha razón humana. *(Solemne.)* Señores, me apresuro a revelar por primera vez en este sufrido planeta, que en ese lugar que tan impropiamente llamamos nosotros Infierno, no todo

111

que arde quema, ¡ni mucho menos! Yo mismo lo comprobé con mis propias manos... Asombroso, pero certísimo, señores... De donde se infiere, forzoso es confesarlo con infernal admiración, que aquel eterno fuego, resulta, por decirlo así, pura metáfora, ¡prodigioso!... Tal y como lo oyen. *(Pausa. Sorpresa general.)* ¡Quién lo hubiera sospechado, señores!... ¡La de abusos y sinsabores que hubiese evitado nuestra dolorosa y lacrimosa historia!;... *(Pausa. Se rasca Cosme la cabeza.)* Ahora bien, el calor, como mencioné antes, si bien resulta sobremanera molesto en el exterior, no ocurre así en los espléndidos interiores, generosamente refrigerados todos a temperatura constante, y gratis, por supuesto.

Cosme - *Admirado.* ¡Arrea!... ¡Qué adelantos!...

Agustín - Dímelo a mí, Cosme. *(Suspirando y doctoral.)* Qué pronto nos maravillamos los pobres terrícolas, amigos míos. Con qué candor nos fascinamos en este ínfimo y lejano planetita. Qué fácilmente pincelamos en nuestra mente lo bueno y lo malo, por un lado; con qué ofuscación representan nuestros sentidos lo bello y lo feo, por otro lado. En este planetita..., en este frío planetita...

Cosme - *Aparte.* Ni tu tía te entiende.

Agustín - Desengañémonos, señores, la chispa de toda felicidad, de todo progreso social y científico, ha de desprenderse forzosamente de un principio calorífico primario, motor y norte, guía y patrón de nuestros vacilantes pasos milenarios. Pragmatismo, amigos míos, mucho pragmatismo, lo demás es música. *(Rompe a reir Quetal. Acude Encarna a calmarla. Le hace mimos.)* Porque han de saber, pacientes vecinos y amigos, que nada más llegar, llamar y entrar, me condujeron cortésmente a una confortable sala de espera. Por cierto, había allí un cartelito incandescente que rezaba: "Bienvenidos a la Eternidad" ¡Qué tacto, señores!;... Bueno, pues, como digo, mientras aguardaba allí a que me asignaran vivienda y acomodo, que es privilegio de toda ánima recién llegada, según las leyes vigentes en aquella insigne república, estuve un largo rato discutiendo amablemente con varios cancerberos, pues no se hallaba fácil remedio a mi hospedaje. *(Pausa.)* Pues bien, pese al diabólico celo que pusieron Luzbel, Balcebú y otras altas y encendidas autoridades, no se encontró solución, señores: lleno total hasta los quintos infiernos... ¡lástima! Por eso me mandaron para aquí. Tal y como lo oyen.

Cosme - *Aparte.* ¡Los hay con potra!

Agustín - *Serio.* ¿Y creerán ustedes que el propio Lucifer, al conocer tan bochornoso percance, ¡la cara que puso el pobre hombre!, acudió en persona a saludarme, y me pidió caballerosamente disculpas por tan imprevistò abarrote?...

Cosme - *Estupefacto.* ¿Lucifer?

Agustín - El mismo, con roja y luenga barba.

Cosme - ¿Con barba roja?

Agustín - Roja como una amapola.

Cosme - *Aparte.* Será con la calor aquella.

Agustín - No pueden ustedes figurarse, amigos míos, con qué diligencia, con qué sinceridad, con qué amargura me comunicó la fatal noticia. "En mi vida he visto cosa tal", comentó luego el venerable anciano, aludiendo entristecido a la descomunal furia pecadora, imprevisible hasta en el mismísimo Infierno, que ya es decir. Y concluyó el docto patriarca con estas desangeladas palabras: "Cómo se ha puesto la Tierra, estimado Agustín. Qué mundito tan descabellado. Cuando pienso en esas ánimas indignas que nos envían aquí, esos viles espíritus que usurpan a otros, honrados como tú, la plaza que se merecen... Te aseguro que no me hace ni chispa de gracia." *(Pausa.)* Tal y como lo oyen, señores. Hasta parece mentira. ¡Y si les digo y afirmo que incluso me enseñó y glosó los planos de un magnífico anexo con toda clase de adelantos, próximo a su inauguración? ¡Sencillamente admirable, amigos míos!

Cosme - *Aparte.* ¡Ridiez!

Encarna - *Recelosa.* ¡No, no le hagan caso, nos está embaucando!

Agustín - ¡Calla!

Encarna - ¡Es un fantasma! *(Lloriqueos de Quetal que sigue cubierta.)*

Agustín - ¿Callarás? Abre los ojos y mira lo que tienes delante.

Encarna -¡Un fantasma!

Agustín - *Picado.* ¿Un fantasma?... ¿Yo un fantasma?... Ahora verás. *(A Cosme, resuelto.)* ¿Me haces el favor, Cosme?

Cosme - ¿Cómo no, don Agustín?

Agustín - *Reflexionando.* Se me ocurre una idea. Sí... Vamos a hacer una prueba, a ver si logramos convencerla, que las hay duras de mollera, Vamos a... Intentemos una prueba castrense, eso.

Cosme - *Perplejo.* ¿Cómo dijo?

Agustín - Como en la mili, ¿sabes?

Cosme - A sus órdenes, don Agustín.

Agustín - Vamos a suponer que estamos en el cuartel... Tú serás el sargento de semana, y yo, un quinto cualquiera.

Cosme - *Aparte.* ¿Sargento?... ¡Ridiez!

Agustín - Bueno, la compañía está formada. Tú pasas lista y me vas a nombrar. Dirás: Agustín Romero, ¿conforme?

Cosme - *Indeciso.* Es un ejemplo...

Agustín - Por supuesto, Cosme. Un ejemplo muy poco sugestivo, lo reconozco, pero al parecer necesario. Anda, ya puedes empezar. Nómbrame.

Cosme - *Vacilando y sobando la gorra.* Don Agustín Romero...

Agustín - No, hombre, no, no me des tratamiento, eso no pega. Nombre y apellido, Agustín Romero a secas, y seco, como en la mili, anda.

Cosme - *Mirando embarazado a los vecinos* A... A... *(Le anima con gestos Agustín, en posición de firmes.)* A... *(De repente, gritando.)* ¡Agustín Romero!

Agustín - *Enérgico.* ¡Presente! *(Mirando complacido a los vecinos.)* ¿Oyeron ustedes?... A buena hora iban los fantasmitas y fantasmotes a dejarse torear por el sargento de semana. *(A Encarna.)* ¿Estamos? *(Tuerce Encarna la cara.)*

Cosme - *Campechano.* Me tocó a mí uno de caballería, allá en Guadalajara, pior que una mula, ¡palabra!

Agustín - Te creo, Cosme, te creo. Bueno pues... *(Se acerca hacia don Anselmo.)* ¿Me cree usted, don Anselmo? *(Se pone a toser don Anselmo.)* ¿Me tomará usted por un fantasma?

Don Anselmo - *Embarazado.* Pues yo..., francamente... *(Mira a Encarna, hace ésta un ademán de reprobación.)* Yo, la verdad...

Agustín - *Solemne.* La verdad, la verdad... Pero, ¿dónde buscará usted la verdad, don Anselmo? ¡La verdad!... ¡La verdad es la física! ¿Qué sacará uno con empeñarse en cavilar esto y aquello, cuando tenemos a la física presente?... La física y el presente, la materia y el tiempo, como dos y dos son cuatro, y lo demás son cuentos, se lo digo yo. ¿Me permite usted a este respecto una experiencia, don Anselmo? Una experiencia que redondeará, así lo espero, la prueba intelecto-nominal ya efectuada con éxito por Cosme y un servidor?... ¿Una experiencia física y temporal, sencilla y tangible, indubitable?... *(Tose don Anselmo.)*

Cosme - *Aparte.* ¡Te se va a quitá la tos!...

Agustín - *Muy cerca de don Anselmo.* Va usted a asegurarse, don Anselmo, de que no soy un fantasma, palpablemente. Va usted a tocarme con su mano, libremente, se entiende, en el momento que usted elija, ¿de acuerdo? *(Mirada patética de don Anselmo a los demás.)* ¿Se suma usted a mi experiencia, don Anselmo?

Don Anselmo - *Cohibido.* Como usted quiera... *(Bajo el delantal, Quetal asoma la nariz.)*

Agustín - *Con intención.* Valerosa colaboración, caballero. No todos los humanos están dispuestos a enfrentarse con fantasmas. *(Pausa.)* Pues bien, con tocarme físicamente, forzoso es aquí el pleonasmo, al sentir usted el contacto, salimos de dudas, ¿no? *(Está muy cerca de don Anselmo.)* Adelante, don Anselmo, tóqueme usted el brazo, sin miramientos. *(Gestos indecisos de don Anselmo que vacila, por fin roza tímidamente con su mano la manga de Agustín, retirándola fugaz.)* Usted me tocó, don Anselmo, ¿a que sí? *(Tos repentina de don Anselmo. Se cubre de nuevo Quetal.)*

Cosme - *Espontáneamente.* Sí que le tocó, don Agustín.

Agustín - Don Anselmo, ¿me tocó usted?

Don Anselmo - Sí, señor...

Agustín - ¿Y sintió el contacto, la materia?

Don Anselmo - Sí, señor...

Agustín -¿Y qué conclusión saca usted de esta auténtica y racional experiencia? ¿Soy acaso un fantasma? Contésteme, don Anselmo, se lo ruego.

Don Anselmo - *Tosiendo y temblando.* Pues...

Agustín - ¡En nombre de la ciencia, don Anselmo!...

Don Anselmo - Usted..., usted..., no es..., no es...

Agustín - ...un..., un...

Don Anselmo - ...un..., un...

Agustín - ...un..., un...

Don Anselmo - ...un..., un fantasma...

Agustín - *Satisfecho.* ¡Sensata y heroica afirmación, señoras y caballeros!

Encarna - ¡Mentira, mentira! ¡Nos tiene hechizados! ¡No le hagan caso, es el mismísimo demonio!

Agustín - *Colérico.* ¡Encarna, que me lleve el demonio si...!

Encarna - ¡Sí, sí, un fantasma!

Agustín - ¡Te vas a callar so...! ¡No me hagas decir barbaridades, mujer, principalmente, en presencia de estos respetables señores. Sobran sandeces por esta noche. Escucha la razón y observa la realidad. Y por lo que más quieras, espanta de una vez esas necedades que te embotan los sentidos. ¿Cómo vamos a adelantar así? *(Silencio. Doña Pura y doña María procuran tranquilizar a Encarna, cada vez más impaciente y agresiva.)* Intentemos esclarecer los hechos. *(Mirando a don Anselmo.)* De modo, querido vecino, que no soy un fantasma, ¿recuerda?, usted acaba de afirmarlo. Pues bien, sigamos naturalmente el razonamiento hasta sacarle todo su sabroso jugo, toda su preciosa sustancia. Usted lo ha dicho: no soy un fantasma, luego..., luego... luego estoy vivo, digo yo ¿no? *(Aprueba don Anselmo con un ligero movimiento de cabeza.)*

Cosme - *Dinámico.* Por mí conforme, don Agustín.

Agustín - Muy agradecido, Cosme. No obstante, sería mi deseo que el propio don Anselmo lo confirmara de palabra, siendo él como es la materia prima de la pasada experiencia, para que así conste en esta singular asamblea. Luego, luego, don Anselmo, estoy, estoy...

Don Anselmo - *Indeciso.* Estoy...

Agustín - No, señor mío, no, en nombre de las leyes de la conjugación, utilice usted la tercera persona.

Cosme - *Aparte, confuso.* ¿El Espíritu Santo?

Agustín - Está..., está...

Don Anselmo - Está..., está...

Agustín - Eso es, está..., es decir, estoy, digo, está...

Don Anselmo - Está..., está... vivo...

Agustín - ¡Excelente y valerosa conclusión que echa por tierra el más falaz argumento del más ladino sofista! *(Paseándose por la escena,* *satisfecho.)* Gracias amigo mío por corroborar al fin tan impar evidencia. *(Al grupo.)* ¿Y qué opinión les merece a ustedes esta experiencia? *(Pausa.)* ¿Vivo o muerto? *(Los va mirando uno tras otro.)* ¿Vivo o muerto?

Los vecinos - *Van contestando sin convicción.* Vivo..., Vivo... Sí... Sí...

Cosme - *Aparte, con extrañeza.* ¡Pa eso no hacían falta espiencias!

Agustín - Mi más sincero y encendido agradecimiento, señores. El corolario que se infiere, no tiene vuelta de hoja, vivo estoy, vivo y aquí presente *(Consultando su reloj)*, a las once menos cinco de la noche, al alba del año mil novecientos cincuenta y nueve. *(Señalando a Encarna y luego a Quetal con la mano libre.)* Esas son los fantasmas, señores, las que no quieren ver la verdad enfrente, así se hunda el mundo. *(Va decidido hacia Quetal.)* Ya puede usted desenmascararse, señora, que aquí no hay más fantasma que el ridículo. ¡Cucú, cucú!

Encarna - ¡No le haga caso, madre! *(Quetal va descubriéndose la cara entre risillas.)*

Agustín - *Mordaz y jovial.* ¡Cucú, cucú! Muy buenas, doña Remedios. ¿Cómo está usted? ¿Despertó ya? ¡Cucú, cucú! Soy yo, Agustinito. ¿Me reconoce? *(Al tiempo que se descubre, lanza Quetal una tremenda carcajada.)* Está como una cabra, pero no tiene ni pelo de tonta.

Cuadro Tercero

Agustín - *Ante el grupo de vecinos.* Y ahora, sentado ya... *(Le echa una ojeada a Encarna; tuerce ésta la cara bruscamente del lado opuesto)*, por lo visto, el supuesto de mi estado físico, espacial y temporal, vayamos al grano, que lo mejor se me ha quedado en el tintero, por así decirlo. Y aunque perdí la noción de los horarios terrestres con el viaje, sospecho que se va haciendo tarde para todos ustedes.

Cosme - Por mí pierda usted cuidado, don Agustín, ya cerré el portal.

Agustín - *Hace una seña amistosa a Cosme.* En efecto, lo mejor. *(Pausa. Parece reflexionar. Adoptando una actitud afectada.)* Lo mejor me quema el hígado y me escuece el alma.

Cosme - *Aparte.* ¡Arrea!, a lo mejor con las bebidas de por allá.

Agustín - Mas todo a su tiempo, señores, que no se ganó Zamora en una hora. Pues resulta que, de vuelta del Infierno, de esa ardiente y lejana república que, dígase lo que se quiera, tengo yo en alta estima, forzoso es confesarlo. *(Movimiento de sorpresa general.)* Hablemos sin dobleces desde el principio, señores. Digo esto habida cuenta de su impecable organización, de su digno nivel de vida en todas sus provincias, de su pleno empleo y, dicho sea de paso y con toda modestia, por la inmejorable deferencia que por todas partes me prodigaron, concediéndome, para colmo, un nuevo plazo, como ya mencioné antes. ¿Qué nombre darle a esto, señores? *(Pausa. Cada vez más teatral.)* De vuelta pues, como íbamos exponiendo, venía yo meditando entre las irisadas estrellas, ¡qué preciosas son de cerca, amigos míos!, sobre cuál iba a ser mi disposición de ánimo, de regreso a esta santa casa..., dicho sea con perdón del señor Lucifer, por cierto, muy atento en todo, ya dije, que por lo visto lo cortés no quita lo demonio. *(Se miran unos a otros sorprendidos.)* Es por demás asombrarse, señores. ¿Me creerán si les cuento que tengo el firme convencimiento de que durante mi viaje de vuelta, fui escoltado discretamente por un nutrido cortejo de diabletes, perfectamente uniformados y disciplinados, con banda de música y todo? ¿Pues de dónde venían sino aquellas trompetas y tambores y aquellos dulces cantos que me acompañaron, por lo menos, hasta la estratósfera? *(Se santigua Encarna.)*

Cosme - *Fascinado.* ¡Carape! Qué cosas, don Agustín. Paice mentira. Y en tan cortito tiempo.

Agustín - *Sonriendo.* ¡Cortito y humano reflejo, amigo Cosme! *(Pausa.)* Sepan, señores, que por aquellos incandescentes trópicos, el tiempo y el espacio carecen del torpe y limitado sentido que aquí abajo les damos nosotros, y pasaré por alto la burla y el escarnio que allá arriba profesan a los acaudalados clientes recién llegados, con sus relojes de oro y todo. *(Con humor.)* Absurdo, tremendamente absurdo. *(Consulta Cosme su reloj y lo lleva al oído.)* Pero dejémonos de trivialidades y prosigamos. *(Pausa.)* Y fue el caso que, según venía yo de camino, cavilando y cavilando, sumido todavía en aquel infernal y aleccionador ejercicio que acababa de vivir, me asaltó el decidido proyecto de ajustar cuentas aquí abajo, lo antes posible, antes de que me llamasen aquéllos al otro barrio. ¿Me siguen ustedes?... ¿Me siguen? *(Forzados movimientos de cabeza aprobatorios.)* ¿Me sigue usted, don Manuel?

Don Manuel - *Prudente.* Sí..., sí señor, aunque...

Agustín - ¿Decía usted?

Don Manuel - No, no, nada.

Agustín - Seamos francos, amigos míos. Pongamos las cartas boca arriba, y sin temor alguno. A la menor duda, interrúmpanme sin rodeos. *(Acróbatas gestos y balbuceos ininteligibles de Quetal.)*

Encarna - *Yendo hacia su madre.* Ah, si la pobre pudiera hablar. *(Risilla crispante de Quetal.)*

Agustín - A lo que iba, señores...

Encarna - *Creciéndole el enojo.* Respeta siquiera a mi madre, fanfarrón.

Agustín - ¡Bien que la respeto, mujer! ¿Con qué me sales ahora? Y déjame referir a estos amabilísimos y respetabilísimos señores lo que tengo que referir, que es de suma importancia. Seguiré pues...

Encarna - *Tomando confianza.* Tú seguirás todo lo que quieras, pero lo que es seguirte, aquí no te siguen ni las moscas.

Agustín - Sí que me siguen, de palabra y de obra.

Encarna - Te seguirán la corriente, como a los locos de atar.

Agustín - *Furioso, avanzando hacia Encarna.* ¡Basta, **Encarna**, basta! *(Doña Pura y doña María van al encuentro de Encarna.)* No eches más leña al fuego... *(Reflexionando.)* Tiene gracia ese dicho. ¿Cómo lo dirán allá?

Doña María - Cálmese, doña Encarnación, cálmese, por los clavos del Señor.

Doña Pura - *Solícita y a media voz.* No se disguste usted, doña Encarnación, no se disguste. *(Las dos vecinas la rodean, prodigándole atenciones.)* Sosiéguese.

Doña María - *Mismo juego.* Así, así. ¿Se encuentra mejor? *(Afirma Encarna con la cabeza, seducida por las dos mujeres.)*

Agustín - *A doña María y doña Pura.* Tomen asiento, señoras, se lo ruego. *(Obedecen las dos mujeres.)* A lo que íbamos, señores. *(Tono enfático.)* De modo que siendo mi firme propósito regresar al Infierno de cabeza... *(Movimiento de asombro general entre los vecinos,* *incluso Cosme.)* No nos andemos en flores, señores. Al pan pan, y al vino vino. Siendo esa pues mi intención, juzgaba, según iba volando por los primeros jalones verdiazules de la Vía Láctea, que lo más indicada cara al futuro terrestre, sería hacerme acreedor y merecedor, de la injustamente vilipendiada república de Averno. *(Se rasca Cosme la cabeza en señal de incomprensión.)* ¿Y cómo lograr, merecidamente, se entiende, una plaza en propiedad en tan codiciado destino? *(Pausa.)* Nada más sencillo: actuando. Sí, queridos amigos, nada se da sin esfuerzos, nada se consigue sin sacrificios, aun el mismísimo Infierno.

Cosme - ¡Arrrea!, cómo se ha puesto el mundo. Bueno, el Infierno...

Agustín - ¡Ni más ni menos! Sí señor, el Infierno, así como suena. *(Pausa.)* Lamentable y al mismo tiempo digno de elogio, es que Cosme, nuestro fiel abnegado portero, haya dado en el blanco en seguida *(Movimiento ufano de Cosme.),* cuando la mayoría de la gente ignora, o pretende ignorar, esas elementales y providenciales vías, que la existencia humana pone generosamente al alcance de cada uno. Qué de oscurantismo, señores. *(Subiendo el tono.)* Cunde entre nosotros el desconcierto metafísico que es un primor. Estamos en Babia. Y yo me pregunto con infinita amargura, ¿adónde habrá ido a sepultarse aquella singular agudeza de antaño, que tanto honraba a nuestro pueblo? ¿Adónde, señores? Abulia y tinieblas, y un uniforme para todos, son los míseros residuos que nos quedan. Tristes migajas, amigos.

Cosme - *Aparte.* ¡Menudo cacao!

Agustín - Gracias, Cosme, por tu sagacidad.

Cosme - No se merecen, don Agustín. *(Aparte.)* ¿Qué dijo?

Agustín - Mas no nos alejemos demasiado del tema esencial, y dispénsenme ustedes por ese inevitable paréntesis. *(Pausa.)* Decidido pues a matar dos pájaros de un tiro, y como anillo al dedo o gatillo al dedo viene esto, aquí me tienen esta noche, discretos vecinos y pacientes testigos. Pues como ya sospechan, el primer tiro fue el que yo mismo me descerrajé en la sien derecha, y me llevó derechito al otro mundo.

Cosme - *Observando cómicamente a Agustín.* ¡Caramba!, pues no se le nota nada, don Agustín.

Agustín - Claro que no, Cosme.

Cosme - Ni una señal.

Agustín - Ni siquiera una triste señal. *(A los vecinos)* Huelga decir la de milagros que obra la cirugía estética en aquellas desarrolladas latitudes, señores.

Cosme - Todas las huelgas que usted quiera, don Agustín, pero milagros, ¿mílagros en el Infierno?.. ¡ca!, eso sí que no me lo creo yo.

Agustín - *Sonriendo.* ¡Hombre, por supuesto que no! Tu buena fe te descarría, amigo Cosme. Pero la culpa ha sido mía. Cierto que en el Infierno no lo llaman así, milagros, milagros... ¡También sería sonada la ocurrencia! Confieso que me dejé abusar por esa invisible voz terrícola, que no tiene nada que ver, ¡estaría bueno!, con la avanzada y racional civilización que reina allá arriba. ¿Conforme, Cosme?

Cosme - Conforme, don Agustín. Así todo queda clarito hasta aquí.

Agustín - Lo celebro. *(Pausa.)* ¿Algún reparo más, señores? *(Pausa.)* ¿Alguna objeción?

Algunos vecinos - *Discretamente.* No, no... *(Se pone a toser Quetal a discreción. Agustín mira a Quetal, pone el brazo libre en jarra y espera con visible impaciencia a que la vieja termine el acceso de tos. Cesa Quetal la tos.)*

Agustín - Bueno, pues... *(Nuevo arrebato de tos de Quetal.)*

Encarna - Cálmese, madre, cálmese. *(Cesa Quetal la tos.)*

Cosme - Mucha gripe hay este invierno por ahí adelante. ¡Mala peste nos ha caído! En mi aldea, la señá Engracia...

Encarna - *Agresiva a Cosme.* ¡Calle usted! *(Nueva tos de Quetal. Atiende a su madre dándole palmaditas en la espalda. Mirando airada a Agustín.)* La ha indispuesto con sus inmorales burradas. ¿Ya le pasa, madre? *(Bufonadas cómicas de Quetal que va cesando la tos.)* ¿Ya le pasa, madre? *(Mirando furiosa a Agustín.)* ¡Habráse visto semejante crueldad! ¡Herodes!

Agustín - *Indignado.* ¿Herodes yo?...

Encarna - Sí señor.

Agustín - ¿Herodes yo?... Guárdate para tí esos insultos, **Encarna**. ¿Cómo te atreverás?... No pronuncies ese nombre sin antes mirarte en el espejo. Y déjame concluir, porque lo que sigue te atañe sobremanera, espérate y verás.

Encarna - ¿El qué?

Agustín - *Enérgico*. A su tiempo lo sabrás, ¡y basta!

Don Manuel - *Impaciente, con timidez*. Yo, señores... Nosotros, con su permiso... *(Hace un movimiento para retirarse con su esposa.)*

Agustín - *Con cortesía*. No, don Manuel, se lo suplico. No nos abandone usted, ni su señora esposa tampoco. Ya llegamos al término, no se lo pierda. *(A los demás.)* Por Dios o por el demonio, sean todos testigos de cargo del desenlace que tanto necesito, para ganarme lo que tanto ansío.

Cosme - *Campechano, a don Manuel*. ¿Tié usted sé, don Manuel?... ¿Le traigo una pizca de gaseosa?... ¿Quié que se la traiga, de veras?

Don Manuel - *Molesto*. No.

Cosme - *Al grupo de vecinos* A mandar, señores.

Agustín - Ibamos diciendo, amigos míos... *(Le echa una ojeada a Quetal.)* que aquel disparo que voluntaria y repulsivamente me di, en uno de esos momentos de profunda tristeza y de hondo desaliento que por veces nos aquejan...

Encarna - *interrumpiéndole*. Calla, anda, que nos vas a hacer llorar.

Agustín - *De mal talante*. De llorar tendremos muy pronto, y más aún. ¡Déjame seguir! *(Silencio. Cuchicheos entre Encarna y su madre. Espera Agustín a que terminen.)* En suma, que aquel acto heroico, llamado aquí abajo suicidio, no iba a resultar sino la chispa de la señal de lo que fatalmente había de suceder, y que para que conste voy a llevar a cabo ante ustedes. *(Movimiento de inquietud entre los vecinos.)*

Cosme - *Aparte*. Ya me decía mi menda que aquí iba a haber tomate, y del gordo.

Cuadro Cuarto

Agustín - *Con prosopopeya*. Si me permiten, señores, abusando de su paciente indulgencia vecinal, un símil meteorológico, inspirado de este mal tiempo que padecemos hogaño, confesaré con harto dolor,

122

que de un tiempo a esta parte, goteaba sin cesar sobre mojado en este sufrido techo conyugal *(Dirige Cosme la mirada hacia el techo)* y, por supuesto, las torrenciales aguas, el día menos pensado, iban forzosamente a embestir sin contemplaciones contra la frágil presa que las contenía, verbigracia, como un toro bravo enfurecido, de los de antaño, claro.

Cosme - *Espontáneamente.* Tié usted tó la razón, don **Agustín**. Ya no son lo que eran, ¡quia!

Agustín - *Sonriendo.* Por supuesto, Cosme, por supuesto.

Cosme - *Con calor.* Desde que murió el Manolete, que en paz descanse. Aquello sí que era toreo fino. Porque lo que es ahora...

Agustín - Me sumo a tu opinión, Cosme, y que en paz descanse. *(Pausa.)* Prosiguiendo con el facineroso diluvio, que tomamos como ejemplo, se vislumbran fácilmente las graves consecuencias que su indómito ímpetu habían de causar. Imaginémoslas racionalmente, señores. Cedió la presa, arrastrando consigo a su paso devastador, todo aquello que se le ponía por delante, anegando, destruyendo, matando, en general, a inocentes. Tremendamente desconsolador, amigos míos.

Cosme - *Suspirando.* Hay cada calamidad hoy día... ¿A que sí, doña María?

Doña María - *Molesta, entre dientes.* Desde luego.

Don Manuel - *En voz baja.* ¡Impertinente patán!

Agustín - Gracias, amigos, por este generoso sustento, que tanto me anima esta noche memorable. *(Pausa.)* Gracias... *(Con afectada elocuencia.)* Prosigamos... Mas a diferencia de la ceguera demoledora de los asesinos elementos, ya mencionados, llamados aquí abajo, sin rubor alguno, naturales, e incapaces de perdón, los impenetrables recodos del ser humano, aun en su furia más violenta, están dotados de sensibles resortes que emiten, a modo de alarmas, atinadas reservas, paralizando, por ende, sus más agresivos músculos, como si nuestra corporeidad humana, verbigracia, fuese un dique perfecto e inexpugnable, capaz de hacer frente a la acometida más impetuosa, del más rabioso oleaje, que imaginarse pudiese. Del Infierno me lo traigo, señores: Destruire naturallus est. Frenare humanum est. ¡Soberbius!

Cosme - *Aparte*. ¡Amén! Hasta en el Infierno saben latines...

Encarna - *Sacando del bolsillo el rosario y entregándoselo a Quetal.* Rece, madre, rece, con más fervor que nunca, que me parece que vamos a necesitarlo. *(Risilla de Quetal que cogé el rosario y se pone a rezar contenta, agitando la mecedora.)* Así, madre, así.

Agustín - *A Quetal*. ¡Por Dios, señora, no menee la mecedora!...

Encarna - No le haga caso, madre. *(Risilla de Quetal, acelerando el movimiento del balancín.)*

Agustín - *Irritado*. ¡La mecedora, señora!...

Encarna - Siga, madre, siga.

Agustín - ¡Señora, la mecedora! *(Mismo juego de Quetal.)* Mira Encarna que como no pare ese trasto...

Encarna - *Provocadora*. ¿Qué?

Agustín - *Perdiendo la paciencia* Que como no pare ese trasto le canto el vals.

Encarna - *Poniéndose seria de repente*. ¿No te atreverás?...

Agustín - Pues que pare o le canto el del Danubio.

Encarna - ¡No, ese no!... Sabes que el del Danubio la pone triste.

Agustín - ¿Que no? *(Dirigiendo una orquesta invisible con la mano libre, se pone a canturrear el Danubio Azul. Intenta Encarna embrollar con "Clavelitos" la canción de Agustín. Confusión de voces.)*

Cosme - *A los vecinos*. Si desean ustedes cantar un pasodoble, por mí no se molesten. *(Sigue Agustín y Encarna subiendo el tono de sus respectivas canciones. Va Quetal cesando el balanceo y entristeciéndose).*

Encarna - *Cesando de cantar, con mimos a su madre*. ¿Ya no reza usted, madre? *(Niega Quetal con visible enfado. Agustín ha cesado el vals.)* Pobrecilla... *(Con ira a Agustín)* ¿Ves lo que lograste?... ¿Lo ves?... *(Suspira.)* Ni el santo rosario se puede ya rezar en esta santa casa. *(Agustín se encoge de hombros.)* ¡Ni el santo rosario!...

Agustín - Decíamos, señores...

Encarna - *Con intención*. Ni el santo rosario...

Agustín - *Furioso*. ¡Basta ya de santos, Encarna! Y déjame perseguir, digo, proseguir, que estos señores con razón han de impacientarse. *(Pausa. Encarna parece haber encajado el golpe.)* ¡Santa paciencia la suya! Ejemplar solidaridad vecinal, amigos míos... Muy agradecido. *(Pausa.)* Veníamos exponiendo... *(Dudando.)* Decíamos... ¡Vaya!, se me perdió el hilo.

Encarna - *En voz baja a los vecinos.* Y la cabeza también.

Agustín - *Malhumorado a Encarna.* Me has desbaratado. Ya no sé por dónde iba. ¿Estarás contenta, no? *(Encarna no le hace caso. Da unos pasos pensativo Agustín. Levanta Cosme un dedo para intervenir: se supone que para ayudar a Agustín. Amenaza de Encarna con la mano abierta. Gestos de los vecinos para impedir que Cosme intervenga. Se pone a toser Cosme intencionadamente con el dedo delante de la boca. Agustín se vuelve y observa a Cosme.)* ¡Eureka! Oportuna tos, Cosme. ¡Eureka, sí, Eureka!, pues gracias a ese infame achaque humano, acabo de recuperar el hilo del ovillo. *(Ante la perplejidad de todos.)* Sí, señores, la tos, la tos y el dedo, los cuales, como una inequívoca metáfora, me han revelado de inmediato el norte de mis inacabadas meditaciones. ¡Eureka!

Cosme - *Admirado, cesando la tos.* ¿Con Eureka lo encontró usted, don Agustín?

Agustín - *Sonriendo.* ¡Caliente, caliente! Con Eureka lo encontré, por decirlo así.

Cosme - *Aparte.* ¡Concho!, aura ya no sé si la dicen Eureka o Europa.

Agustín - Porque esa tos, esa violenta explosión humana, ruidosa y latosa, calamitosa, que desde que el hombre es hombre, cual un agónico estigma sonoro de nuestra sufrida flaqueza corporal, nos oprime el pecho, constituyendo el anatómico paradigma de nuestros dolores, esa tos, decíamos, esa tos que hace un instante azotaba sin piedad el frágil mástil de tu dedo, Cosme, descargando el virus de su saña sobre sus castigadas falanges *(Se mira Cosme cómicamente el dedo)*, ese dedo-mástil, decíamos, oh navío de ilusiones, oh materia de toda creación, me trajo a las mientes aquella cruel representación de los estragos naturales, ya mencionados, que tomamos como punto de partida de nuestras aleccionadoras meditaciones. Por el hilo se saca el ovillo, señores, y con las desgracias humanas se abren los ojos.

Encarna *A media voz.* Buena desgracia nos cayó, buena.

Agustín - ¿Qué dijo? *(Intenta Cosme hacerle una seña con el dedo. Tremenda risilla de Quetal. Retira Cosme el dedo.)*

Encarna - *Tranquilizando a su madre.* Tranquilita, madre, tranquilita. Así, así. *(Se calma la vieja.)*

Agustín - En fin, tales recónditas reacciones, que amansan las entrañas de todo individuo racional, heredadas del homo sapiens, pulidas, modeladas, y liberadas con sangre, sudor y lágrimas, siglo tras siglo, no son sino lo que por estos pagos llamamos indulgencia, perdón, indulto, hoy día, la verdad, habas contadas...

Cosme - *Ingenuo.* Si trae usted a cuento las habas, entonces sí que le sigo, don Agustín, que a mí me encanta la fabada. Alllá en el pueblo...

Agustín - *Interrumpiéndolo con una seña amistosa hecha con la mano.* Excelente plato, Cosme. *(Pausa. Da unos pasos. Encarna amenaza con la mano a Cosme para que se calle, en el momento en que éste iba a replicar a Agustín. Tos de don Anselmo.)*

Cosme - *Obedeciendo humildemente a la amenaza de Encarna.* Usted perdone, doña... *(Interrumpiéndose ante una nueva intimidación de Encarna.)*

Agustín - *Volviéndose, a Cosme.* ¿Qué fue, Cosme?

Cosme - *Fingiendo* Mande, don Agustín.

Agustín - ¿Decías...?

Cosme - *Embarazado y apretando la gorra.* No, no, nada...

Agustín - Pues me pareció que pedías disculpas.

Cosme - *Confuso.* No..., quiero decir, sí...

Agustín - *Intrigado.* ¿Qué fue entonces?

Cosme - *Mismo juego.* Pues resulta... *(Mira a don Manuel como buscando una complicidad.)* Resulta que..., sin querer, de verdad, don Agustín, pues..., le di un pisotón a don Manuel... ¿A que sí, don Manuel?

Don Manuel - *Sin defensa.* Bueno, pues... sí *(Mueve torpemente los pies fingiendo.)*

Agustín - Lo lamento, don Manuel. ¿Le duele?

Don Manuel - *Fingiendo a disgusto.* No, no es nada, gracias.

Cosme - *A don Manuel.* Si quiere le doy unas friegas... *(Vuelve don Manuel la cabeza del otro lado, irritado.)*

Agustín - *A Cosme.* ¿Sabes que este suceso no deja de intrigarme?... *(Enfático)* Y es que la reflexión, la razón, la lógica... Cuando te disculpaste creí entender doña, y que yo sepa don Manuel...

Cosme - *Cobrando confianza y mintiendo.* ¡Ca!, eso no lo dije yo, don Agustín. Sed equivocó usted. Yo dije doñ, don... ¿A que sí, don Manuel?

Don Manuel - *A punto de reventar.* Sí, dijo usted don.

Cosme - *Satisfecho.* ¿Oyó usted, don Agustín? ¿Cómo iba a mentir el señor don Manuel de la Franqueza?

Agustín - *En voz baja.* A eso le llamo yo lógica nominal, pura lógica nominal. *(Al grupo.)* Conforme, señores. Sin embargo... *(Da unos pasos y menea la cabeza en señal de duda. Estornuda doña Pura, saca un pañuelo y se suena.)* Decíamos... *(Volviéndose hacia los vecinos y con ostentación.)* Decíamos... *(Nueva duda. Tose Cosme con intención y pone un dedo delante de la boca.)*, ah, ya, decíamos pues que aquellos emotivos mecanismos, capaces de paliar a inocentes o a seres ajenos a nuestra propia ira, aquellos desalmados arranques que por veces nos afectan, son obra exclusiva del ser humano. Entendámonos bien, señores: del ser humano emancipado, libre de cuantos espejismos se le presenten a los sentidos, figuraciones que, desgraciadamente, abundan a granel por este reino, y dan al traste con los puros propósitos de nuestra quijotesca humanidad, a los cuales, justo sería añadir, principalmente en estos apretados tiempos, algunas dosis sanchopancinas; pero esto es harina de otro costal. *(Pausa. Subiendo el tono.)* Porque están las páginas de la historia universal, preñadas de bárbaros ejemplos, señores: Nerón, Atila, Torquemada y otros suma y sigue más recientes, que no citaré por ser de sobra conocidos. Todo lo cual me autoriza a pensar, que el homicida más odioso, pongo por caso, aquel que actúa por ética individual, no lo es cabalmente, ni jurídica ni socialmente, pues casi siempre procura poner freno y tasa a otros delitos que, invariablemente, artísticamente, me atrevería a decir, pudo llevar a cabo, aunque ello no fuera, aduzcamos ejemplos para ser claros, sino la simple indulgencia que se le otorgase a una impertinente mosca que, en aquel trágico momento que hemos supuesto, vino a revolotear por allí y se posó, burlona e indiferente, en la respetable manga del susodicho homicida, sin que éste interviniera para nada en la integridad física de tan repelento insecto. Por cierto, no vi ni una en el Infierno.

Cosme ¡Dichosos ellos! Por aquí, en verano, ni con D.D.T. se las quita uno de encima. *(Risilla de Quetal que se pone a dar manotazos en el aire, como si ahuyentase moscas.)*

Encarna - *De mal genio,.* Déjelo, madre, que ahora no hay moscas. *(A Agustín.)* Buena mosca te ha picado a ti.

Agustín - *Indiferente a Encarna.* Y no se me arguya, señores, sin antes recapacitar cumplidamente, que aquella hipotética e indultada mosca, carecía de trascendencia, ¡mucho ojo, señores! No pequemos de ingratos ni de intolerantes. Apelemos a la razón biológica, abolí... *(Reflexiona.)*, abolá... abolamos la pena capital, eso es, abolamos para siempre jamás de nuestra mente, ese primitivo impulso que tanto nos denigra. Porque, sí señores, era la mosca de marras un ser vivo, digno y calificado como el que más. ¿Pues qué, amigos? ¿A esa entidad biológica libre iban los naturales elementos de que hablábamos, diluvio, volcán, huracán, a lo que fuere, a perdonar?... *(Pausa. Observa a los desconcertados vecinos.)* ¡Claro que no!

Encarna - *Perdiendo la paciencia.* ¿Se acabó el cuento?

Agustín - *Impasible.* Viene todo esto a cuento, reparando en lo que pudiera acontecer esta noche, y que no se cumplirá sino a medias, por lo ya expuesto, consciente a más no poder de que, predicando con el ejemplo, voy a escatimar vidas: ustedes, probados vecinos, y la vieja también, de la misma manera que en mis frecuentes noches de desvelo, he indultado a infinitas cucarachas, que libremente se desplazaban por la cocina, al amparo de la noche, sin que yo nunca, señores, no por asco, sino por lo ya mencionado y un tanto también de agnóstica misericordia, haya puesto sobre esos viles bichos, la implacable planta de mis sufridas zapatillas hogareñas.

Cosme - ¿Me contó también a mí, don Agustín?

Agustín - Por supuesto.

Cosme - *Contento.* Muy agradecido.

Cuadro Quinto

Se hace un largo silencio. Entre tanto, Agustín da vueltas alrededor de la mesa, despacio y pensativo, mirando al suelo o al techo. Encarna empieza a dar señales de creciente agitación, mira a Agustín cada vez con más encono. Quetal a lo suyo, está balanceándose jovialmente, mientras reza el rosario. Murmullos secretos de un conciliábulo entre ambos matrimonios. Fisgonea Cosme cómicamente al margen lo que se dicen ambas parejas, que lo evitan con despectivos ademanes. Encarna lo vigila a distancia, impidiéndole participar del misterioso secreteo vecinal.

Anselmo - *A ruegos apremiantes de los demás que le incitan a decir algo. Tosiendo.* Don..., don Agustín...

Agustín - *Se detiene y reacciona con lentitud.* Mande usted, don Anselmo.

Anselmo - *Molesto por la tos. Con timidez.* Nosotros..., mi señora esposa, doña María, don Manuel y un servidor de usted... Nosotros...

Cosme - *Aparte, picado en su amor propio.* ¡Y a mí que me den morcilla!

Agustín - *A don Anselmo.* Diga, diga, se lo ruego.

Anselmo - *Mismo juego.* Pues, nosotros... Puestos de común acuerdo...

Agustín - Democráticamente, se entiende.

Anselmo - Sí, señor... Nosotros, sin intención, claro... Quisiéramos saber... si no es molestia...

Agustín - En absoluto, don Anselmo, en absoluto.

Anselmo - *Patético y ridículo.* Sería nuestro deseo... saber si... *(Arrebato de tos.)*

Agustín - *Sacándolo del apuro.* No me diga más, don Anselmo. Se me alcanza fácilmente lo que usted intenta comunicarme. No le dé más vueltas. *(Interrumpiéndose ante un nuevo arrebato de tos de don Anselmo.)* Qué invierno, amigos. Qué poca piedad manifiestan los elementos, señores. *(Va cesando la tos.)* No se moleste, se lo suplico, pues de sobra he adivinado lo que usted, cual dignísimo portavoz de esta asamblea vecinal, desea saber. Legítimo conocimiento, amigo mío. Pues sin rodeos se lo diré, aunque no tan bien como usted lo hiciera si la implacable crudeza de los invernales elementos se lo permitiera. *(Pausa.)* En resumidas cuentas, cuál es el propósito que me anima esta noche singular, ¿no?

Anselmo - *Temblando de pies a cabeza.* Sí, señor.

Agustín - O sea, ¿qué es lo que en verdad me propongo hacer? ¿No es eso?

Anselmo - Sí, señor.

Agustín - ¡Atinadas preguntas, don Anselmo! Riguroso cuestionario que habla de suyo de la aguda sagacidad que tanto le honra entre nuestra ilustre vecindad. *(Mira ufano don Anselmo a los vecinos.)* A eso iba, precisamente. A ello contestaré sin faltar una jota. *(Pausa.)* Por de pronto, ustedes no se alarmen, queridos vecinos. Repito, ustedes no se alarmen.

Encarna - *Acercándose provocadora a Agustín.* ¿Y quién ha de alarmarse, eh? ¿A quién le toca temblar?

Agustín - *Serio.* A ti.

Encarna - *Con intención.* ¿A quién dijiste?

Agustín - A ti, Encarna. Y no te hagas más tonta de lo que eres.

Cosme - *Aparte.* ¡La que se va a armar!...

Encarna - *Sin temor.* ¿Oyeron ustedes? ¿Podrá esto tolerarse más tiempo? *(A su madre)* ¿Se da usted cuenta, madre? *(Quetal está absorta en sus rezos y no hace caso.)* Si esto no tiene nombre... ¡Ave María Purísima!...

Agustín - *Sereno.* Habla, di lo que quieras, defiéndete, si ello es tu última voluntad, como me consta. ¿Ya se evaporaron los fantasmas?

Encarna - ¡Ultima voluntad!... Bien testigos son ustedes de que, no satisfecho con esa inaudita farsa que nos ha ofrecido, quiere ahora acabar el cuento enseñando las uñas. ¡Pena dar pensar en semejante flaqueza! Ultima voluntad... Pero, ¿qué amenazas son ésas? ¿Qué tramará aún su lunática mollera?

Agustín - ¿Terminaste?

Encarna - *Decidida.* ¡No! Antes quiero saber qué es lo que te propones, para que estos señores se hagan cargo completo de tus desvaríos, perfectamente.

Agustín - *Con sangre fría.* Pues te lo diré con mucho gusto. Esta noche me he propuesto acabar contigo. *(Se agitan alarmados los vecinos.)*

Encarna - *Perdiendo confianza.* ¿Eh?... ¿Qué has dicho?

Agustín - Sencillamente, me he propuesto matarte, Encarna.

Cosme - *Aparte.* ¡No está el horno para bollos!

Encarna - ¡Sádico! *(Volviéndose hacia los vecinos.)* ¿Oyeron ustedes? *(Acercándose y buscando complicidad.)* ¿Oyeron ustedes? *(Silencio de los vecinos, harto asustados y abrazados por parejas.)*

Cosme - *Ingenuo.* Yo sí que oí, doña Encarnación.

Encarna - *Iracunda.* ¡Cierre la boca! ¿Quién le da a usted derecho al voto?

Cosme - Pos en el 36 sí que voté, doña...

Encarna - *Secamente.* ¡Calle usted, Cosme!

Cosme - *Dócilmente.* Sí, señora.

Agustín - *Suspirando, con calor.* Bendito Cosme. Rústica raigambre campesina... Rayado espejo de la España tozuda, llana, siempre en pie. Gracias, amigo.

Cosme - *Turbado y sorprendido.* No se merecen, don Agustín.

Encarna - *A Cosme.* ¡Basta! *(A Agustín)* ¡Charlatán! *(A los vecinos.)* ¡Se dan ustedes cuenta? Pues así es mi cruz. Día y noche soportándolo en esta santa casa. ¡Si esto es un martirio permanente! Pero se acabó. *(Resuelta)* ¿Te figuras iluso que vas a embaucarnos con tu venenosa hablilla? Pero, ¿por quién nos has tomado tú? ¡Ni que fuéramos palurdos! *(Señalando a Cosme.)* A ese rústico que te sigue la corriente, sí, pero lo que es a mí... *(A los vecinos, y aludiendo a la mano escondida de Agustín.)* Mírenlo, ahí lo tienen, de Napoleón o mejor, de Napoleoncillo. *(Sonríe. Rompe a reir Quetal.)* Si vieras la pinta de payaso que tienes, con esa mano ahí metida... Sólo te falta la escoba y, claro, la boina, perfectamente.

Agustín - *Grave.* Esta mano que aquí guardo, precisamente, te incumbe más que a nadie. Tú lo verás.

Encarna - *Con mofa.* Habla claro y no me vengas con rodeos. ¿Qué tiene esa mano, eh? ¿Sabañones?... *(Ríe.)* Pues guárdatelos para ti, rico. *(Mirada cómplice a los vecinos. Estos sonríen con visible desgana. Irónica.)* Con el invierno y estas heladas, se le ponen los dedos fatal.

Agustín - *Ofendido.* ¡Encarna!

Encarna - *Haciendo una burlona inclinación.* Señor escritor...

Agustín - Insensata. Muy pronto olvidas lo que te dije.

Encarna - *Con sorna.* ¿Dijo algo?... ¿Qué dijo? Yo no recuerdo nada.

Cosme - *Inocente.* Yo, sí, doña...

Encarna - *Amenazándolo con la mano abierta.* ¡No chiste o...!

Cosme - *Obediente.* Sí, señora.

Agustín - *Acercándose a Encarna.* Conque, ¿no recuerdas nada, eh?... Te voy a refrescar la memoria. Te lo voy a repetir para...

Encarna - *Enérgica.* ¡No, no! Esto ya pasa de castaño a oscuro. Tú conmigo no te quedas. *(Va hacia su madre.)* ¡Qué murga, pero qué murga, señores!...

Agustín - ¡Aguarda, condenada!

Encarna - *Junto a su madre, cariñosa.* Madre, ¿vamos a la camita?... *(Reacción infantil de Quetal, negándose.)* Ande, que se tomará las pastillitas, aquellas coloraditas tan bonitas que le recetaron, ¿sabe? Le sientan tan bien... Y hasta le pondré la bolsita del agua caliente. Ya verá qué calentitos se le ponen los pies. Como un ángel estará usted, igualito.

Agustín - *Irritado.* No me salgas ahora con hipócritas escarceos. ¿A qué tanta solicitud con doña Remedios?

Encarna - *Sin hacer caso de Agustín.* ¿La llevo ya a la camita, madre? *(Refunfuños de Quetal.)*

Agustín - *Resuelto y burlón.* Deja a tu madrecita tranquilita, Encarna. No te escabullas con burdas estratagemas. ¿A quién querrás tú engañar? No son horas para acostar a tu madre. Sabes mejor que nadie que doña Remedios, vela las cucarachas caseras, por afición, o profesión, o lo que sea, y no suele acostarse antes de la una de la madrugada. ¿A qué intoxicarla más con estupefacientes y otras zarandajas. Déjala en paz. Dignidad, dignidad hasta la sepultura.

Encarna - *Decidida.* Hala, madre, nos vamos.

Agustín - *Violento.* ¡No te hagas la desentendida, Tartufa, que se me agota la paciencia! ¿Qué digo?, ya se me agotó. Llegó el momento crítico, el que acabará con tu vida. *(Solemne.)* Encarna, dispónte a morir. *(Encarna lo mira perpleja.)* Dispónte a morir, Encarna.

Encarna - *Sin mirarle.* Tonto de capirote.

Agustín - Reza si quieres. Un minuto te doy. *(Silencio. Tos de don Anselmo. Crece la inquietud de los vecinos.)*

Encarna - Pero, ¿estás tú bien de la cabeza? Qué ladridos son esos. ¿Amenazándome de muerte?...

Agustín - Perfectamente.

Encarna - ¿Acabará así el impío y bochornoso espectáculo que nos has ofrecido? ¿Cesará ya esa retahíla de blasfemias? *(Con aplomo.)* Con amenazas de muerte?... ¿A mí, a mí?

Agustín - *Imperturbable.* Eso vengo diciendo y lo cumpliré aquí mismo, y ante testigos. El tiempo apremia. ¿Estás lista?

Encarna - *Algo preocupada.* No vuelvas a decir eso ni aun en broma.

Agustín - ¿Bromas? ¿Yo con guasas?

Encarna - Llámalo hache.

Agustín - ¿Serás necia? ¿O querrás pasarte de lista? No son bromas, Encarna, ni mucho menos. ¿Crees acaso que estoy yo para gracias? Sé muy bien lo que me digo. Llegó al fin tu hora.

Encarna -*Indignada.* ¡Santiago, Santo Patrón!... ¿Cómo se atreverá a...?

Agustín - *Con determinación, solemne.* ¿Atreverme?... Pues qué, ¿cerraré una vez más los ojos? ¿Seguiré poniéndome un bozal en la boca y atándome las manos? ¿Son esos tus mezquinos argumentos jacobeos? ¿Matamoros tenemos? ¿Qué últimas coces quieres propinar todavía?... ¿Atreverme, dices tú? ¿A consentir que me sigas humillando sin tregua?... ¡De ningún modo! ¿Cómo pasar por alto tanto menosprecio? ¿Qué miramientos merecerán esas conductas? ¡Ninguno!

Encarna - *Perdiendo confianza.* ¡Por los clavos del...! ¿Lo ven ustedes, señores? Qué ignominia, que..., ¿qué nombre tendrá esto?

Agustín - Pues que lo vean y lo juzguen si lo desean. Presentes están. De honrados se precian. Libres..., libres serán... Mas no se hagan cuenta, señores, sólo por lo presenciado aquí esta noche, que esto es, por decirlo así, coser y cantar, sin parangón alguno con el pan nuestro de cada día...

Encarna - ¡Hipócrita!

Agustín - ¡Hipócrita!... Eso está por ver. Mas calla, y no intentes escurrir el bulto. *(A los vecinos, mirándolos.)* Sí, señores míos, he de confesar, con harto dolor, que lo visto aquí esta noche, no son sino alegres potrillos de ese feroz regimiento de caballería, que tras él se esconde, y cuya oscura bandera ha rendido siempre honores a la intolerancia, al fanatismo.

Cosme - *Aparte.* ¡De caballería tenían que ser!

Agustín - Así me he ido yo consumiendo en esta casa, acusado y juzgado por un tribunal permanente, de los de antes, con leños, y de los de ahora, con perros.

Encarna - ¡No hay tal!

Agustín - Sabes de sobra que digo la verdad.

Encarna - ¡Chismes!

Agustín - Es inútil, Encarna. ¿Por qué te empeñarás en desfigurar la verdad, si todo será en balde? La verdad no gasta caretas.

Encarna - ¡Mentira, mentira, no lo crean!

Agustín - Dí lo que te plazca. Ya poco más dirás.

Encarna - ¡Madre, madre, se ha vuelto loco, loco de remate! ¡Un demente en casa! *(Breve risilla de Quetal.)*

Agustín - *Apretando los dientes.* No me tomes a la ligera, Encarna. Bien cuerdo que estoy.

Encarna - ¡Estás perturbado!

Agustín - ¡Perturbado!... ¿Me creerás cuando acabe con tu vida? *(Aparte)* ¿Será esto lógica?...

Encarna - *Con visible inquietud.* ¿A ese extremo has perdido la razón?

Agustín - ¡Qué sabrás tú de eso! ¿A cuento de qué citas tú lo que tan lindamente rechazas? Qué valor, señores. *(Mirando a Encarna.)* Tú eres capaz de decirle una fresca al lucero del alba. Razón tengo yo, y razón me sobra para acabar contigo, eso lo primero. Y sabe para terminar, que el cuerpo entero me lo está pidiendo, y me salen las ganas por todos los poros de la piel. No lo podría evitar aunque quisiera, pues es de ley. Y no intentes ganar más tiempo. El plazo irrevocable se está consumiendo... *(Pausa. Repentinamente preocupado. Se mueve inquieto, mira a uno y otro lado.)* Pero..., ¿qué será? ¿Cómo puede ser...? *(Parece reflexionar de nuevo)* ¿Qué dudas me aquejan ahora?... *(Aliviado al fin.)* Ah, condenada, ya caigo, has querido enflautarme, haciéndome creer que estaba tocado de la cabeza... Ya te entiendo, ya. No te saldrás con la tuya, eso sí que no. Astuto era el truco, sí. Por una lamentable chispa de caprichosa confusión e incertidumbre, muy contraria a mi ética, me he figurado que, acaso también por aquel ahuno a que tienes sometida la luz de tu razón, pues que me estabas tomando por un chiflado perdido, para hablar en plata. *(Pausa. Autosatisfecho.)* Afortunadamente, un sincero y decidido llamamiento a las leyes del raciocinio universal, me han reintegrado al recto e inconfudible camino de la lógica más avanzada. ¡Alabado sea...!, bueno, dejemos los suspiros para otra ocasión. De todo lo cual se desprende, de un lado, que a tu gramática parda, Encarna, le ha salido el tiro por la culata, y del otro, que más en serio que al papa romano, me estás tomando tú, digas lo que quieras, ¿no es cierto? *(Pausa. Encarna se entretiene con su madre)* ¡Si creerás que comulgo yo con ruedas de molino!... *(Suspirando.)* Me hubiera quedado un amargo sabor de boca, pensando que no acertaste a intuir el castigo que te venía encima, tomándome por lo que no soy. *(Pausa) Paréntesis obligado era éste, señores, el cual en nada mengua la intensidad dramática de aquellos postreros instantes que dejamos atrás, y que ya vuelven.*

Cosme - *Aparte, confuso.* ¿Porteros?... ¿Porteros que vuelven?... *(Rascándose la cabeza.)* ¿Competencia tenemos?... ¡Estamos listos!

Agustín - De modo que, esclarecidos los hechos, no cabe sino poner manos a la obra. *(Solemne.)* Encarnación García Varela, está usted dispuesta a...

Encarna - *Interrumpiéndolo.* ¡Basta! ¿Adónde quieres llegar? Nadie te cree. Todos saben que estás loco, incluso mi madre.

Agustín - *Sereno.* Ya tanto me da que digas una cosa como otra. Sé que lo haces para ganar tiempo, pero es por demás... Es inútil, ¿entiendes?

Encarna - *Cediendo terreno.* Ya no sé nada. Ya no sé quién eres. Ni siquiera eso sé.

Agustín - Un hombre cansado, que está harto y resuelto.

Encarna - *Visiblemente abrumada.* Pero, Agustín, ¿hablarás en serio? Contéstame.

Agustín - Hablo en serio, más serio que nunca. Con la seriedad de un hombre acosado, vilipendiado, herido. *(Subiendo el tono.)* Sí, en serio. ¡Voto a...!

Encarna - *Con creciente inquietud.* ¡No!...

Agustín - ¡Sí!

Encarna - *Alzando la mirada.* ¡Misericordia, Señor!

Encarna - ¿Es todo lo que se te ocurre? Indulgencia, ¡perdón!... ¿Eso imploras ahora? ¿Eso me pides? ¿A mí? ¿Con qué derecho?

Encarna - ¡Piedad, Señor!

Agustín - *Con rigor.* ¡A buenas horas mangas verdes! ¿Estás lista? *(Se coge Encarna la cabeza entre las manos y suspira.)* Tu suerte está echada, Encarna.

Encarna - *Febril y confusa.* Pero, ¿cómo?... *(Sigue suspirando.)* ¿Cómo...?

Agustín - ¿Que cómo haré?... Ah, al fin comprendiste. *(Aliviado.)* Eso me tranquiliza, no te puedes figurar hasta qué punto. *(Sonríe con malicia.)* ¿Que cómo echaré el fallo? *(Pausa.)* ¿Y no lo adivinas?... No puedo creerlo, de verdad. *(Da unos pasos hacia Encarna.)* ¿De veras que no intuyes todavía como ejecutaré la sentencia? Piénsalo, mujer, piénsalo. Si esto es cosa de niños. *(Mordaz.)* Anda, haz un esfuerzo y no me hagas rabiar. Quiero que tú misma te hagas cargo. *(Silencio. Tos de don Anselmo.)* ¿Ya?... ¿Estás? *(Perdiendo la paciencia.)* Apresúrate, mujer, y no nos hagas perder más tiempo. ¿Estás, Encarna? *(Mueve Encarna la cabeza negativamente.)* Qué pena. Ni ese consuelo me darás. *(Autoritario.)* ¡Mírame! *(Encarna lo mira de soslayo.)* Mírame a la cara, o mejor, a esta mano que llevo escondida. ¿No te da el corazón, puesto que a él apuntaré, que esta mano que aguarda impaciente... ¡Mírala! ¿Esta mano que me dio el pasaporte para el Infierno... ¡Mírala!

Encarna - *Asustada, comprendiendo.* ¡La pistola! *(Mira a los vecinos con terror; éstos se levantan y retroceden de pánico hacia la puerta de la escalera. Cosme no se mueve. Quetal sigue rezando.)* ¡Lleva una pistola! ¡Virgen Santa! ¡La pistola que conserva todavía desde la Cruzada!

Agustín - La misma.

Cosme - *Aparte.* Ya me parecía a mí que ahí había gato encerrado.

Encarna - *Avanzando hacia los vecinos.* ¡Va armado, va armado!

Don Manuel - *Temblando y sin convicción.* ¡Por Dios, don Agustín!

Doña Pura - *Mismo juego.* ¡Don Agustín, por lo que más quiera!

Agustín - *Rechazando cortésmente con la mano.* Señoras, se lo ruego. Es asunto que trasciende lo puramente conyugal.

Encarna - *Suspirando y lamentándose.* ¡En el nombre del...!

Agustín - *Inclemente.* ¿Lista?

Encarna - ¡No, no puede ser! *(Ahogo en la voz. Mira a los vecinos como buscando ayuda; éstos parecen paralizados por el miedo.)* ¿Será un sueño, una pesadilla?... *(Se palpa.)* No, no es un sueño. ¡Estoy despierta! *(A los vecinos, lloriqueando.)* ¡Auxilio, auxilio!

Agustín - Así me gusta, que comprendas... ¿Para qué servirá el castigo sin la plena conciencia del reo?

Encarna - ¡No, no es lo que te figuras! *(Mira a los vecinos.)* ¡Se le ha descompuesto la cabeza! ¡Perdónale, Señor, porque no sabe lo que hace!

Agustín - *Colérico.* ¡No digas eso! Sé muy bien lo que hago.

Encarna - Sí que lo digo, y mil veces lo repetiré.

Agustín - Mientes, disimulas ignominiosamente. Pero por más que digas, es inútil. ¿Qué importa ya todo, cuando esta mano justiciera me apremia y me pide cuentas?... Contaré hasta tres antes de disparar. *(Se abrazan los matrimonios. Gesto cómico de Cosme que busca un posible abrazo.)* Lo dicho, dicho. ¿Lista?

Encarna - ¡Infame asesino!

Agustín - *Contando despacio y acercándose a Encarna.* ¡Uno! *(Risilla de Quetal.)*

Encarna - *Hincando una rodilla en el suelo.* ¡Judas!

Agustín - ¡Dos! *(Risa de Quetal.)*

Encarna - ¡Satanás! *(Risotada de Quetal.)*

Agustín - ¡Y tres! *(Saca bruscamente la mano oculta y a modo de pistola, apunta con los dedos índice y medio a la cabeza de **Encarna**.)* ¡Pum, pum! ¡Muere! *(Gritan simultáneamente Encarna y los vecinos; éstos se precipitan hacia la puerta de la escalera y salen gritando y pidiendo ayuda. Permanece Cosme inmóvil.)*

Cuadro Sexto

Encarna - *Reaccionando, indecisa.* ¿Eh?... ¿Qué?... ¿Disparó?...
¿Qué fue?... *(Suspira y se palpa el cuerpo.)* ¿Salvada?... ¡Ilesa?...
¿Viva?... ¡Viva estoy! *(Intenta levantarse.)* Ah, no llevaba pistola...
No disparó. Cuentos chinos... ¡Todo de boquilla! Embustero, come-
diante, payaso... Ya me extrañaba a mí. *(Se levanta a duras penas.)*
¿Tú con una pistola en las manos? ¿Tú apretando el gatillo, dispa-
rando?... *(Imitando a Agustín. Ríe.)* ¡Pum, pum! ¡Muere! *(Encole-
rizada.)* ¡Necio, farsante, majadero! Pico y nada más que pico.
(Respira con dificultad.) Con esa sangre de horchata que llevas en
las venas... Si esto ya me lo olía yo, claro que sí. *(Jadeante.)* Ven
acá, hombre, ven. *(Se acerca a Agustín.)* ¡Te digo que vengas!...
Mírame... Te digo que me mires... ¿O ya te tiembla la carne de
gallina?... Mal rato me has hecho pasar, sí, pero como hay Dios que
me las vas a pagar, sí, y ahora mismo. *(Dándole una furiosa
bofetada.)* ¡Toma!, esto para empezar. *(Se lleva Agustín la mano a
la mejilla dolorida y mira a Encarna, imperturbable.)* ¿Te duele,
eh?, pues ráscate. No mereces otra cosa. *(Agustín da media vuelta
y se aleja lentamente hacia la puerta de la izquierda. Cosme se frota
las mejillas y da unos pasos atrás.)* ¿Adónde vas, valentón? ¡Vuelve! (Se inclina con trabajosa respiración.)* ¡Vuelve! No huyas como
un conejo... Déjate estar... Aún no he terminado... ¡Te digo que
vuelvas!... *(Intenta ir tras Agustín, pero desiste, aquejada por un
misterioso malestar. Se lleva las manos al pecho.)* ¡Ah, maldito!...
Ya nos veremos las caras... *(Se inclina. Jadea. Se arrodilla. Avanza
un trecho a gatas, en dirección a Agustín. Este se ha detenido y la
contempla compasiva y fríamente.)* ¡Ah, maldito hereje!... ¡Maldito!... No escaparás, no... Te mataré... Te mataré sin compasión...
(Ahogo en la voz.) Yo sí que te mataré... *(Profunda queja.)* ¡Ah,
ah!... ¿Qué es?... Te..., te... *(Grito de dolor. Cae de bruces.)*
Cosme - *Va hacia Encarna y la contempla.* Esta vez sí que...
Agustín - *Acercándose.* Esta vez, sí, Cosme. *(Risilla de Quetal.)*
Cosme - *Serio.* Paice mentira que...
Agustín - *Grave.* Lo parece.

Cosme - Y sin pistola.

Agustín - *Sacando una pistola del pecho.* No, con ella.

Cosme - ¡Atiza!;, era cierto. Entonces..., ¿Cómo no la sacó?

Agustín - *Guardando la pistola.* Ya ves: no hacía falta.*(Silencio. Se quedan ambos mirando el cuerpo de Encarna).*

Cosme - ¿Le aviso a...?

Agustín - ¿A quién Cosme? *(Pausa)* Pierde cuidado, ya vendrán a buscarla, no han de tardar. *(Mirando a Quetal.)* Lo que me preocupa es doña Remedios. ¡Pobre mujer!... A lo que puede llegar uno.

Cosme - *Servicial.* ¿Le ayudo a acostarla, don Agustín?

Agustín - No, aún es temprano para ella. Mejor dejarla que siga rezando. Así se estará tranquila. *(Pausa.)* Bueno, esto se acabó; lo demás importa poco. Voy a descansar un ratito, antes de que vengan esos con sus aparejos de comedia. La verdad, estoy cansado. *(Dándole una palmada en el hombro.)* Gracias, Cosme. *(Coge el maletín y el sombrero y se dirige hacia la puerta de la izquierda.)*

Cosme - A descansar... *(Preocupado.)* ¿Don Agustín?

Agustín - *Se vuelve y se detiene.* Dime.

Cosme - No, nada...

Agustín - Dime, hombre, dime.

Cosme - Aquello..., aquello del Infierno...

Agustín - *Pensativo.* ¿El Infierno?... El Infierno... Quién sabe. ¿Quién sabe dónde están las veras y las burlas en este absurdo teatrillo? Va buena que andamos extraviados. Hala, a descansar.

Cosme - *Preocupado.* Hasta mañana, don Agustín.

Agustín - *Esbozando una amarga sonrisa.* Mañana, mañana... ¿Y quién podrá asegurarlo? Mañana, la eterna ilusión... Bah, no merece la pena. *(Le hace una seña amistosa con la mano y sale. Lanza Cosme con rabia la gorra al suelo, la recoge y sale cabizbajo, despacio. Quetal sigue rezando, rompe a reir y se balancea alegremente.)*

Cuadro Séptimo

Una voz entre bastidores: ¡Telón! *(Entran Agustín y Cosme.)*

Cosme - *(Juan), entusiasta.* ¡Fenómeno, Carlos! Esta vez sí que nos salió bien.

Agustín - *(Carlos), sin pasión.* ¿De veras? *(Se incorpora de la mecedora Quetal y empieza a quitarse la peluca y las arrugas de la cara. Es una chica joven.)* No sé, no sé...

Cosme - *(Juan)* Pero, ¿cuándo estarás satisfecho?

Agustín - *(Carlos)* Satisfecho...

Cosme - *(Juan), a Quetal (Nieves)* ¡Enhorabuena, Nieves! Estuviste perfecta.

Quetal - *(Nieves), suspirando.* Uf, me duele la garganta.

Cosme - *(Juan)* No me extraña. Lo tomaste muy a pecho.

Quetal - *(Nieves)* Gracias, Juan. *(Va hacia **Encarna**.)* Ya puedes levantarte, mamá.

Cosme - *(Juan), yendo hacia la izquierda.* Voy a llamar a esos. *(Sale.)*

Quetal - *(Nieves)* Mamá, ¿te levantas ya?

Cosme - *(Juan), entre bastidores.* ¡Ya podéis entrar! *(Vuelve.)*

Quetal - *(Nieves), a Agustín (Carlos).* Papá, algo le pasa a mamá.

Agustín - *(Carlos)* Se habrá quedado dormida.

Cosme - *(Juan), inclinándose hacia Encarna.* Eh, Encarna, digo, Lucía, despierta. ¿Qué tendrá?

Agustín - *(Carlos), enigmático.* Le está cogiendo cariño a su papel.

Quetal - *(Nieves), confusa.* Mamá, mamá, ¿qué te pasa?

Cosme - *(Juan), mirando hacia la izquierda.* Pero, ¿qué harán esos?

Agustín - *(Carlos)* ¿Quiénes? ¿A quién buscas?

Cosme - *(Juan), asombrado.* ¿A quién va a ser, Carlos?

Agustín - *(Carlos)* ¿A quién?

Cosme - *(Juan)* Pues... A Miguel, a Fernando, a Tere, a Pili... A los que hacían de vecinos.

Agustín - *(Carlos), mirada ausente.* ¿Vecinos?... ¿Qué vecinos, Cosme?

Cosme - *(Juan), desconcertado.* ¿Cosme?... Pero, Carlos... Soy Juan. La comedia ha terminado.

Agustín - *(Carlos)* Quién sabe, quién sabe.

Quetal - *(Nieves), cada vez más preocupada.* Mamá, mamá... ¡Contesta!

Cosme - *(Juan), junto a Encarna* (Lucía) Lucía, por el amor de Dios, contesta. *(La examina.)* Lucía... *(Mirando a Quetal-Nieves.)* Parece que...

Quetal - *(Nieves), descompuesta.* ¿Qué parece, Juan? ¿Qué le pasa a mamá?

Cosme - *(Juan), afligido.* Un accidente...

Quetal - *(Nieves)* ¡Mamá, mamá! *(Grito de dolor.)* ¡Está muerta! ¡Está muerta de veras! *(Se arrodilla y llora.)*

Agustín - *(Carlos), aparte y pensativo.* ¿Consistirá lo sublime en imitar al arte?

Quetal - *(Nieves)* Muerta... *(Agresiva, a Agustín-Carlos.)* ¡Tú la has matado!

Cosme - *(Juan)* Nieves... *(La abraza.)*

Agustín - *(Carlos), dando unos pasos; aparte.* A lo mejor, a lo mejor...

Quetal - *(Nieves), febril.* ¡No, déjame! *(A Agustín-Carlos, con saña.)* Sí, tú la has matado. Tú mismo. El escritor, el dramaturgo, el genio. ¡Tú has matado a mamá, sí! Por complacerte y exigirnos que representáramos esa pantomima que todos te han rechazado siempre. Esa farsa que tú ya veías inscrita con grandes titulares en las fachadas de los teatros, en las planas de los periódicos, en las portadas de los libros. ¡Pobre iluso! Por eso ha muerto mamá. Por eso la has sacrificado tú. Por alardear en casa de talento, lo que todos te han negado fuera. ¡Mírala! Contempla tu obra maestra. *(Empieza a reir al modo de Quetal, presa de una crisis nerviosa.)*

Cosme - *(Juan)* Nieves, te lo suplico...

Quetal - *(Nieves)* ¡Te maldigo, sí, te maldigo para siempre! *(Va hacia la mecedora. Se apoya en un brazo del asiento. Respira con dificultad.)*

Cosme - *(Juan)* Nieves...

Quetal - *(Nieves), agresiva y excitada.* ¡Déjame tú también, comparsa! Dejadme sola. Dejadme con mamá. *(Se sienta en la mecedora. Gestos al modo de Quetal.)* Madre, madre... *(Tono cariñoso.)* ¿Le va bien? ¿Sí? Ah, muy bien, muy bien. Mire usted qué tranquilita está

esta noche. Así, así... *(Va Agustín-Carlos hacia la izquierda.)* Ah, ¿ya te vas, plumífero? ¿Te irás satisfecho, no? ¡Sí, vete, vete para siempre! *(Sale Agustín-Carlos.)* ¿Vamos a la camita, madre? Ah, ¿todavía reza usted? ¿Aún no acabó el rosarito? Es usted una santa, madre. Toda una santa, perfectamente. *(Se balancea y ríe.)*
(Se oye el ruido de un disparo desde el cuarto de Agustín-Carlos.)
Cosme - *(Juan), acudiendo.* ¡Carlos! *(Sale.)*

Cuadro Ultimo

(Entra por la derecha, despacio e irresoluto, el misterioso personaje del principio con un manuscrito en la mano.)

Misterioso personaje - *(Perplejo y sin misterio.)* Pero, ¿qué hacéis? ¿Qué fue ese disparo? *(Risillas contenidas y mimos de Nieves imitando a Quetal.)* ¿Qué te ocurre, Sara? *(Dudando.)* ¿Otra vez con cambios? ¿Es eso? ¿Qué pretendéis? *(Intuyendo algo.)* Ah, no, conmigo no jugáis, os lo dije mil veces. Bastante hice con apuntar. Déjalo ya, Sara, es por demás seguir fingiendo.
Quetal-Nieves-Sara ¡Iluso!
Misterioso pesonaje - Sara, por todos los santos del cielo. *(Ríe la otra.)* No intentes tomarme el pelo.
Quetal-Nieves-Sara - ¡Farsante!
Misterioso personaje - No insistas. A mí no me la pegáis vosotros. *(Mira a la otra. Un tanto confuso.)* Sara, Sara... *(Se vuelve de repente hacia el público.)* Pero, ¿qué sucede aquí? ¿Qué es esto? *(Retrocediendo.)* ¿Qué hacen esos ahí? *(Risillas esporádicas de la otra.)* ¿Dónde están esos? ¿Dónde estoy? ¿Soñaré? *(Subiendo el tono.)* No, de mí no os burlaréis. ¿Por quién me habéis tomado? *(Se inicia el movimiento del telón)* Yo no tengo nada que ver con esto, ya os lo dije. *(Reparando en el telón que ya tapa la mitad del escenario.)* ¡No, no esperad! *(Intentando detener el telón.)* ¡Dadme un minuto! ¡Dejadme que os explique! ¡Un minuto nada más! ¡Esto es absurdo! ¡No

soy quien os creéis! *(TELON. Desde el interior. Misma voz.)* ¡Estáis equivocados! ¡No déis crédito a lo que véis! ¡Las apariencias enga-ñan! *(Se va apagando la voz.)* ¡Estamos todos embrollados! *(Se oye dentro un concierto de tremendas y burlonas carcajadas.)*

Alfonso Eduardo Antinucci
(Tercer Premio)

Nació en Córdoba, Argentina. Cursó estudios de piano y música. Ha compuesto obras para piano y voz solista. Estudió en Italia literatura e historia del arte. Ha publicado poesías, cuentos y artículos en revistas y periódicos de Argentina. Es médico de profesión y actualmente reside en Buenos Aires.

EL VISITANTE

Personajes:

PABLO, escritor
FLORENCIA, amante de Pablo
GUSTAVO, editor y amigo íntimo de Pablo

EL VISITANTE

Personajes:

PABLO, escritor
FLORENCIA, amante de Pablo
GUSTAVO, editor y amigo íntimo de Pablo

A mi esposa Ana María,
por el milagro diario de su amor.

A Florencia, mi pequeña y adorable hija
que alguna vez leerá esto.

por el milagro diario de su amor.

A Florencia, mi pequeña y adorable hija
que alguna vez leerá esto.

ESCENA UNICA

Estudio de Pablo. Sala amplia y elegante. Estanterías abarrotadas de libros que en ciertos lugares se separan para dar lugar a objetos de arte, evidentemente adquiridos en viajes, seleccionados con esmero y gusto refinado: relieves de mármol, tallas góticas en madera, antiguas porcelanas, bronces orientales y un canope de alabastro.

Dos puertas a foro; la izquierda comunica con el dormitorio, la derecha con la cocina. En el centro la chimenea y a ambos lados de ésta, bajo las estanterías que ocupan el resto de la pared, dos sillones. Delante de los sillones, a uno y otro lado, dos cuadrados silloncitos florentinos del Quinientos. A derecha e izquierda de la chimenea dos altos faroles venecianos inclinados hacia adelante y sostenidos por cordones dorados que, desde la mitad de los astiles, van a la pared. En medio de los sillones una chata mesita con ceniceros y un centro de cristal.

A la izquierda gran ventanal con puerta vidriada que da al jardín. Cerca del ventanal, en primer plano de la escena y de perfil al público, escritorio de nogal con la máquina de escribir, una lámpara, e infinidad de carpetas y papeles en total desorden. Detrás, junto al ventanal, el tocadiscos.

A la derecha, al fondo, arco de medio punto que conduce al vestíbulo. Delante otra estantería con un vano saliente en el centro, donde se ve un primitivo toscano de la segunda mitad del siglo XIV con tabernáculo dorado. Debajo un mueble holandés que cumple funciones de bar y sobre él dos antiguos candelabros de plata. A su lado, un poco atrás y de frente al público, un sillón barroco. Entre ambos, disimulado en un nicho del muro, está el teléfono.

La acción transcurre en cualquier país del mundo, excepto Italia.

Los cambios de luz, que corresponden a las alteraciones de tiempo en la acción, deberán hacerse siempre lentamente, como en el esfumado cinematográfico.

ACTO PRIMERO

Escena I

Cuando se levanta el telón el escenario está desierto. Son las seis de la tarde; la luz que viene del jardín tiene el laqueado irreal de un crepúsculo de otoño. La chimenea se halla encendida. Tras un momento se abre la puerta del dormitorio y aparece Pablo, vestido con pantalón oscuro y chaqueta tejida beige. Va hacia el escritorio y hurga entre los papeles desparramados en busca de algo. Lanza un suspiro y un "Aquí está": es una tarjeta que deposita en un ángulo de su mesa de trabajo. Pablo cuenta treinta y nueve años pero demuestra menos, debido quizás a esa precipitación infantil que se advierte siempre en el artista maduro. Mira en derredor, como si estuviera distraído o tratando de ubicarse en un ambiente desconocido, con una sonrisa extática. Finalmente se dirige al tocadiscos, lo abre y coloca un disco. Suena el Allegro inicial del Quinteto para clarinete, k. 581, de Mozart. Pablo siguen tenso los primeros compases; es indudable que lo ha escuchado hasta el hartazgo pero que siempre lo maravilla. Después cruza la escena hasta la puerta que se ve a la derecha de foro y desaparece en la cocina. Se oye ruido de vajilla y un golpe de algo metálico que cae al suelo, acompañado de una exclamación. Un rato más tarde vuelve Pablo a escena trayendo una bandeja con tres tazas, cafetera y azucarero. Trata de hacerle lugar en el escritorio y, como no lo consigue, la deja en la mesita del centro. Se acerca a la puerta vidriada que da al jardín.

Pablo - ¡Florencia!... ¡Gustavo!...

Florencia - *(Desde fuera.)* ¡Si...! ¡Vamos!.

Entra Florencia, seguida por Gustavo. Florencia es una mujer de edad indefinible, alrededor de los treinta y cinco años, y un aura de perpetua juventud. Sus maneras son de una extremada finura, no sin cierta viveza en las reacciones. Viste una pollera de sport y un suéter. Gustavo tiene la misma edad de Pablo. Viste un traje oscuro de media estación. Sus gestos revelan nobleza pero, a diferencia de Pablo, es positivo, firme y real.

Florencia - ¿Acabas de llegar y ya empiezas nuevamente con Mozart?

Pablo - Sí, me desintoxica.

Gustavo - ¿De mi presencia?

Pablo - No seas tonto, de la mía. Es como entrar en un mundo perfecto donde nunca han existido las dificultades ni la necesidad de corregir.

Florencia - Para crear ese mundo también él encontró dificultades y tuvo que superarlas. Lo que sucede es que luego no se notan.

Pablo - Eso me pregunto a menudo: si en mi obra se notan los tropiezos y el pulido, ese trabajo ingrato para unir lo que nace en estados de ánimo tan distintos. Cuando releo algo mío veo todas las fallas, las junturas mal articuladas.

Gustavo - Tus lectores, en cambio, no las ven. El público es el mejor juez.

Pablo - Por Dios, no trates de consolarme con frases hechas.

Gustavo - Ya estás cayendo en el peor vicio de los escritores. Se ponen lastimeros justamente cuando tienen éxito. *(Con grandes ademanes.)* ¡Ah, la tragedia del estilo! ¡Oh, los finales difíciles! Y la protagonista anciana que asesinó a su familia y a la que hay que dar una muerte decorosa... Todo eso salpicado con tecleo de la máquina de escribir y música de Mozart, mientras el café se enfría.

Pablo - *(Aproximándose a la mesita en donde ha puesto la bandeja.)* ¿Café, Florencia?

Florencia - No, querido, prefiero algo alcohólico.

Pablo - *(A Gustavo.)* ¿Tú?

Gustavo - No, yo también alcohol.

Florencia - *(Va hacia el bar y lo abre. A Gustavo.)* ¿Whisky?

Gustavo - Sí, si me haces el favor.

Florencia sirve dos vasos. Va a la cocina y regresa con hielo.

Pablo - *(Se acerca al tocadiscos y baja el volumen hasta que la música se vuelve casi inaudible. Más adelante, y poco a poco, se extingue.)* ¿Verdaderamente tienes que ir a esa horrible reunión? ¿No puedes quedarte con nosotros?

Gustavo - Verdaderamente. Es lo que se dice un compromiso ineludible; de ello depende la prosperidad de tu editor, la cual, a su vez, mantiene tu fama. *(A Florencia, quien le tiende el vaso con whisky y hielo.)* Gracias.

Pablo - *(A Gustavo.)* ¿Piensas irte ya? *(Bebe el café de un sorbo.)*

Gustavo - *(Consultando su reloj.)* Es temprano. Prefiero llegar cuando el ambiente esté caldeado, resulta más llevadero.

Florencia - ¿Le harás compañía a Pablo, entonces, mientras le preparo algo de comer?

Pablo - *(Suplicante.)* No tengo ganas de comer, Florencia.

Florencia - No importa, tienes que comer. Estás convaleciente y no te alimentas como debes.

Pablo - Protesto. Celia se ha empeñado en engordarme durante siete días y cuando ella termina empiezas tú. Me tratas como a un niño.

Florencia - *(Haciéndole un gesto cariñoso.)* Eso es lo que eres, en el fondo. ¿Nunca te has dado cuenta?

Pablo - A lo mejor, pero no raquítico.

Gustavo - Ves, nadie me cuida a mí de esa manera.

Pablo - *(Sonriendo.)* Quizá no lo merezcas.

Gustavo - Ah, y tú sí.

Pablo - *(Queda un instante con la misma sonrisa fija y súbitamente, poniéndose serio, toma una mano a Florencia y se la besa.)* No, yo menos que nadie.

Gustavo - ¡Dios mío, Dios mío, qué susceptibilidad!... Pero es evidente que no cree en lo que dice, ¿verdad, Florencia?

Florencia - *(Sonriendo vagamente, como obligada.)* Tal vez. *(Pone su vaso de whisky en la bandeja que trajera Pablo y va a la cocina, llevándola consigo. Sale y cierra la puerta.)* Gustavo saca un atado de cigarrillos del bolsillo y ofrece uno a Pablo.

Pablo - Rodolfo me ha prohibido el cigarrillo.

Gustavo - Es cierto, olvidaba que eres un paciente respetuoso. *(Enciende uno.)*

Pablo - *(Mirándolo con atención.)* Te tiemblan las manos.

Gustavo - *(Bajando rápidamente el cigarrillo, evasivo.)* No, todavía no he llegado a eso; no estoy tan viejo, hombre.

Pablo - Pero te noto preocupado, inquieto.

Gustavo - Debe de ser eso que llaman exceso de trabajo... nada extraordinario.

Pablo - Tú eres muy sereno, nunca te intranquilizan los problemas de trabajo.

Gustavo - *(Riendo con incomodidad.)* Si intentas analizarme te prevengo que no resultaré el protagonista ideal para una de tus novelas. Además me conoces demasiado.

Pablo - Por eso, justamente...*(Gustavo calla. Pausa.)* También Florencia está agitada; los dos parecen tensos. ¿Ha ocurrido algo que quieren ocultarme?

Gustavo - No ha ocurrido nada, te lo aseguro.

Pablo - Así será, entonces. Jamás hemos tenido necesidad de engañarnos. Sería absurdo, ¿verdad?

Gustavo - Desde luego. *(Camina hasta el escritorio y toca los papeles.)* ¿Cómo anda esto?

Pablo - Regular... Y no te burles.

Gustavo - No me burlo; sólo que no lo creo.

Pablo - *(Se pasea nerviosamente.)* Crees que te miento.

Gustavo - Al contrario, creo que subestimas tu libro. No me lo dejas leer, además.

Pablo - No.

Gustavo - ¿Puedo saber cuál es el secreto?

Pablo - Es muy complicado explicarlo, casi no alcanzo a explicármelo yo mismo. Empezó siendo algo como un juego, un alarde o cosa semejante. Y después, poco a poco, fue cambiando; me parece que al principio aun contra mi voluntad. Comprendí que era más serio de lo que pensaba, distinto de cuanto había escrito antes. Ya no me importaba el argumento, los hechos, que los personajes caminaran en un sentido o en el opuesto. Había otras causas que movían todo, y eso salía desde el fondo... una luz nueva de la que tomaba conciencia y que me enceguecía, quizá porque esa luz alumbraba muchas cosas que hasta entonces había ignorado, cosas dentro de mí, comprendes, cosas que una vez entrevistas era una cobardía callar... Tú mismo me encontraste distinto, aunque tal vez no sabías hasta qué punto era así. Supe que aquello debía rehacerse. Integramente. Palabra por palabra. Y no era fácil, porque la verdad está más allá de lo real y no puede generalizarse, a pesar de que sea siempre universal. Me sentía extraño, afiebrado, como si cumpliera un deber que no era posible postergar, como si me quedara poco tiempo. Rehíce todo lo que había escrito, pero a medida que avanzaba se volvía más complejo; cada revelación abría más caminos y era necesario explorarlos todos para dar con el auténtico. Sin embargo adelantaba rápidamente, porque me impulsaba el ansia de llegar hasta lo último. Ya estaría incubando la enfermedad, supongo, y el trabajo no hizo más que apresurarla... ¿Y sabes lo que pasó entonces? Una noche, después de tantos días de delirio, de mejorías pasajeras, de lucha empecinada para vivir, vi mi libro terminado, tal como tenía que ser, con esa lucidez de enfermo que en un minuto es capaz de abarcar períodos ilimitados. Y sentí una medida sin medida, superior a la salud que tanto deseaba. Tuve la certeza de que poder hacerlo me interesaba más que continuar viviendo. Mi vida estaba allí y solamente allí se concretaría. Todo lo demás no había sido decisivo antes ni lo sería después.

Gustavo - Pues bien, ya te has recobrado de la enfermedad; ahora puedes terminarlo.

Pablo - No sé, tengo la sensación de que este es el principio de una convalecencia de la que no saldré.

Gustavo - *(Se acerca y lo toma por los hombros, visiblemente turbado.)* ¿Qué estás diciendo? Vamos, Pablo, ¿eres aprensivo, acaso? Los médicos te han asegurado que toda andará bien.

Pablo - Los médicos tienen un conocimiento y un poder restringidos. Ajustan una máquina y creen dejarla en condiciones. Me habrán devuelto la salud física, o al menos una parte de ella. Pero hay otros factores que cuentan y que no pueden darme... Cuando tuve esa visión, o alucinación, o como desees llamarla, se me presentó la imagen de mis veintitrés años. Acababa de salir de una crisis muy penosa entonces y adquirí, casi instantáneamente, conciencia de la soledad, de esa soledad que disimulan los gestos y que sin embargo se descubre en la mirada que atraviesa un poco la superficie, en los ademanes con que pretendemos entregarnos y las frases que aparentan comprensión. De alguna manera mi novela se hallaba ligada a aquel estado de ánimo. Porque, si quieres, la visión que tuve no fue sino una advertencia. Era como si una voz antigua y familiar me dijera: únicamente cuando vuelvas a ser aquel de la temprana juventud podrás concluir tu libro.

Gustavo - ¡Eres capaz de desesperar a alguien más paciente que yo! ¡Te juro que no lo entiendo! No entiendo ese tipo de complicaciones, siempre me han parecido artificiales. Podría entenderlas en uno de tus personajes, pero no en la vida real.

Pablo - La vida es una serie infinita de complicaciones, Gustavo. Por eso es inasible. Ocurre al revés de lo que piensas; es la literatura la que simplifica. Un personaje resulta siempre el esquema probable de un hombre, nada más. El escritor lo reduce a determinados momentos, que considera claves, crea una realidad empequeñecida, ridícula, y el hombre íntegro se le escapa.

Gustavo - ¿Vas a darme una clase de literatura? *(Apoyando la mano en los papeles.)* Esto es lo que me interesa. Pablo, eres un escritor de éxito: poesía, novela, ensayo, todo cuanto publicas se agota.

Pablo - No me importa el éxito, ya lo he probado. Llega un tiempo en que es obligatorio elegir. Realicé mi propio balance. Y no fue fácil, créeme, porque cuando el espíritu crítico se ejerce consigo mismo no existe juez peor... A menos que te dejes sobornar por la aceptación que has tenido; pero eso es blando, un recurso de condenado a muerte. No quiero pensar en mi obra pasada. Eché una ojeada y fue como si volara al viento. No resiste un análisis penetrante.

Gustavo - Qué disparate. Te han elogiado hasta los críticos más venenosos.

Pablo - Te digo que soy yo quien me juzgo ahora y estoy seguro de no equivocarme.

Gustavo - Pareces un padre que reniega de sus hijos.

Pablo - No reniego, sólo que he visto la luz verdadera. Lo otro ya está, no puedo negarlo ni destruirlo. Pero nadie me convencerá de que debo continuar mirando hacia atrás.

Gustavo - Nadie pretende convencerte. Olvídate, borra tu pasado y tu obra anterior. Tienes entre manos un gran libro. Es la opinión de Florencia, y tú mismo la confirmas. Espléndido. Dices que has descubierto la luz verdadera. Nada te detiene; síguela, ya que tuviste la suerte de verla.

Pablo - ¡De eso se trata, al fin! La imaginación te muestra lo perfecto. Es un destello momentáneo. Después viene la tarea de ponerlo en práctica, combinar palabras, hallar las adecuadas, buscar el modo de que no traicionen lo que quieres expresar. Las palabras son fantasmas, tus aliados o tus enemigos más feroces. Se someten a tu voluntad o te envuelven en el engaño; y entonces lo hacen con tanta sutileza que sólo te darás cuenta cuando sea demasiado tarde... Sí, tengo miedo, pero no por mi salud como crees. Tengo miedo de perder el hilo y dejarme arrastrar por el camino falso. Es mi última oportunidad para librarme del hábito. Esto es diferente y necesita un procedimiento diferente; no voy a caer en el error una vez más.

Gustavo - Si precisamente es lo que intento decirte... Hablas de fantasmas, ves. Los inventas tú, no existen en absoluto. Creas tu propio miedo y lo alimentas, dejando que te domine esa ilusión absurda.

Pablo - Ojalá fuese absurda, o solamente ilusión...

Gustavo - ¿Qué te impide llevar a término esta novela? Estás a punto de concluirla. Espero publicártela lo antes posible. Sé que será otro éxito, no lo dudo; y me vienes con alucinaciones de tu enfermedad y reacciones incomprensibles. ¿Qué relación tiene tu libro con eso? Si por lo menos me lo explicaras... ¿Cuál fue esa crisis de la juventud a la que te referías?

Pablo - He luchado dieciséis años con ese recuerdo. He tratado de quitármelo de encima, pero ha sido inútil: siempre está presente... Fue terrible.

Gustavo - ¿Tan terrible que no puedes contármelo a mí?

Pablo - *(Permanece indeciso, da unos pasos. Tras unas larga pausa.)* Sí, a ti sí.

Gustavo - ¿Dices que tenías veintitrés años?...*(Con mucho cuidado.)* La muerte del pequeño...

Pablo - Si, el hijo de Jorge.

Gustavo - Me acuerdo, claro. Lo supe indirectamente; en esa época tú y yo habíamos dejado de vernos.

Pablo - Sucedió lo que con tantas amistades de la infancia, que poco a poco se pierden.

Gustavo - Fuimos tan unidos de niños. Aquellos veranos de vacaciones en la quinta de tu familia, cómo olvidarlos. Tus padres, tan afectuosos; estaba más contento y cómodo allí que en mi propia casa... Aunque Jorge me intimidaba bastante, te lo confieso. Siempre tan serio. Cuando nos preguntaba algo no me atrevía a responderle.

Pablo - Siete años es mucha diferencia a esa edad.

Gustavo - Y para colmo vivía pendiente de ti, vigilando tus menores movimientos, como si a cada instante te amenazara un peligro. En cierta forma me hacía sentir un intruso, un obstáculo entre él y tú. Me doy cuenta ahora, por supuesto, en ese entonces no era capaz de explicarme la incomodidad que me producía.

Pablo - A mí también me inspiraba un respeto temeroso, no creas. Sin embargo más tarde, a medida que fui creciendo, el resquemor se desvaneció. Empezamos a acercarnos, a entendernos. Su cariño me absorbió por completo; dejamos de ser simplemente hermanos, nos convertimos en amigos entrañables. Quizá esa haya sido la causa por la que me alejé de ti... Ah, Gustavo, no llegaste a conocer a Jorge. Era admirable, el hombre más maravilloso del mundo... talentoso, apasionado. Podía hablar durante horas sobre el tema que le propusieras. Escribía, era un pianista excelente, pintaba. Fueron su entusiasmo y su ejemplo los que despertaron en mí el amor por el arte, por la literatura. A él debo todo lo que he conseguido hacer. Yo lo adoraba. *(Como eco, enajenado.)* Lo adoraba.

Gustavo - *(Conmovido.)* Sí, Pablo.

Pablo - *(Tras una pausa.)* Se casó... a los veinticinco años... Silvia, una criatura encantadora, frágil, dulce, bella como una virgen primitiva... la esposa ideal para Jorge, una hermana para mí. Quedó embarazada. Fueron meses de espera angustiosa, estuvo muy delicada. No obstante, todo se resolvió bien. Nació Pablito. Silvia y Jorge insistieron en llamarlo Pablo, por mí. Era rubio y hermoso, como su madre, Jorge se volvió más sensible todavía, el hijo le provocó un sentido exagerado de responsabilidad del que Silvia y yo nos burlábamos.

Vivíamos todos en la quinta. El paraíso estaba ahí, lo compartíamos, lo respirábamos a diario. La felicidad, cuando es demasiado intensa, tiene aroma, sabes, puedes olerlo. Qué temporada dichosa aquella. No te imaginas... esa mezcla de exaltación y de paz... Tuve conciencia mientras vivía, realmente la tuve.

Gustavo - Sí, los encontré una vez por la calle. Ibas con Jorge y su mujer. Tú llevabas al niño de la mano. Reían.

Pablo - No lo recuerdo.

Gustavo - No me viste. Me escondí, entré en un negocio cualquiera.

Pablo - ¿Eso hiciste? ¿Por qué?

Gustavo - Acababa de iniciarme en la editorial. Mi situación económica era más que mala y mi aspecto lo delataba. Tuve vergüenza de que me vieras.

Pablo - ¿Vergüenza?... ¿Vergüenza de mí?

Gustavo - Es una reacción muy lógica, creo, muy humana, no debería sorprenderte... Pero no te interrumpas. ¿Qué ocurrió después?

Pablo - *(Como si recibiera un golpe.)* ¿Después?... Después ocurrió aquello... la desgracia tomó su revancha. *(Larga pausa. Luego con agitación creciente.)* Cumplí veintitrés años y mi padre me regaló un automóvil. Jorge me había enseñado a manejar. Decía que era un pésimo conductor y que no me permitiría jamás llevar a su hijo. Pero bromeaba. El sabía que yo era prudente, lo sabía de sobra. Como tenía las tardes ocupadas con sus cátedras, Silvia dependía de mí para ir a la ciudad. Y muchas veces llevábamos a Pablito. El no podía ignorarlo, estoy seguro.*(Pausa.)* Aquel día nos demoramos comprándole juguetes, y entonces decidimos ir los tres a buscar a Jorge cuando saliera de la Universidad. Marchábamos por una avenida, a poca velocidad; no teníamos apuro, faltaba un cuarto de hora para que finalizara la clase. Al cruzar la bocacalle miré hacia el lado de donde debía venir el tránsito... Un zumbido sordo primero, que se hizo atronador, el ruido agudo de los frenos y el grito de Silvia. Todo fue en un segundo. Cuando di vuelta la cabeza el camión estaba encima, había aparecido de contramano. El golpe, un golpe horrible, seco y el silencio. *(Ahogado.)* Alcancé a ver... Alcancé a ver, antes de que la bruma me cegara... Una bruma espesa, y de repente ya no sentí nada... Desperté en una habitación celeste, atrozmente dolorido. Vi a mi

madre inclinada sobre mí. Sus ojos me parecieron inmensos, rojos...
Tranquilo,, hijo, ya pasó, tranquilo... Lo repetía y lo repetía. Yo le
hacía preguntas, pero ella seguía acunándome con esas frases gasta-
das... No tenía nada grave, unas cuantas contusiones y dos costillas
fracturadas... Me enteraron de la muerte de Pablito sólo al tercer día.
Lo sospechaba, a cada rato, entre sueños... a cada rato volvía a ver su
cuerpecito tirado sobre el asfalto, la sangre... Jorge no fue a verme.
Quise saber por qué no iba, pero mis padres no respondían, me
hablaban de otras cosas. Dijeron que Silvia se hallaba bien. No era
verdad: sufrió una lesión medular que la dejaría paralítica. Piensa...
el niño muerto, y Silvia... Yo... yo hubiera debido morir en ese cuarto
desnudo, impersonal... yo...

Gustavo - *(Acercándose.)* Es espantoso, lo comprendo. Pero fue un
accidente, Pablo, no tuviste la culpa.

Pablo -   Espera, espera. Eso no es todo... ¿Espantoso?... Sí, fue
espantoso. Aquellas paredes celestes, las tengo grabadas aquí. *(Se
golpea la frente con el puño.)* Aquí... La impotencia, estar allí encerrado, tendido en una cama... ¿Espantoso?... Faltaba lo peor aún. Yo
quería ver a Jorge. No había ido...

Gustavo - Cálmate, Pablo. *(Lo rodea con un brazo.)* Cálmate, no sigas
hablando.

Pablo - *(Se libra del brazo de Gustavo con violencia,)* ¡Yo quería
ver a Jorge, te digo!... Preguntaba por él todos los días, esperaba que
apareciera en ese cuarto detestable. Cada vez que se abría la puerta
creía que era él, pero nunca...

Gustavo - *(Con dulzura, casi simultáneamente.)* Basta, Pablo, no
sigas recordando eso.

Pablo - ... nunca fue...

Gustavo - No deseo saber más, cállate.

Pablo -   ... Unicamente rostros impasibles, atentos, rostros de enfer-
meras eficientes y alentadoras que decían las mismas estupideces,
hasta marearte. Creí que iba a enloquecerme ahí dentro, con esa
claridad celeste...

Gustavo - ¿Por qué no te callas? Te lo pido por favor.

Pablo - ...Y por fin me dieron de alta. Mi padre me llevó a casa. La
quinta me resultó mas tétrica que el cuarto de la clínica. Los árboles

parecían muertos bajo ese cielo crudo del invierno. Pregunté dónde estaba Jorge... Arriba, en su estudio. Corrí hacia la escalera. Mi madre trató de detenerme, pero no había fuerza que pudiera hacerlo... Subí. Llamé. Tiritaba de frío... No hubo respuesta. Insistí golpeando. Tenía la mano helada, rígida. No contestó nadie. Entré, pensando que no lo encontraría. El cuarto estaba en penumbra, pero lo vi enseguida, hundido en su sillón, con la cabeza gacha. Creí que dormía. Di unos pasos. Me costaba caminar, por el frío, un frío sin razón que me atontaba. Entonces alzó los ojos. Me clavó una mirada que jamás le había visto. No era suya. Tampoco era suya esa cara de anciano, esa expresión de agonía... Su voz me llegó nítida, salía desde el fondo de un abismo de odio... *(Completamente trastornado, con voz entrecortada, sollozante.)* Dijo... dijo... el asesino ha regresado al hogar... eso dijo... el asesino ha regresado al hogar... asesino... eso dijo... Jorge... me llamó asesino... y después agregó: Caín fue más limpio, tuvo el valor de matar a su hermano. ¿Por qué no hiciste lo mismo, cobarde, en lugar de arrojarme vivo al infierno?...*(Pausa. Solloza.)* Caí de rodillas a su lado. *(Cae de rodillas, tendiendo las manos.)* Le tendí las manos, le supliqué que me perdonara. Me derribó de un empujón y gritó: No me toques. ¿Perdonarte? Oyeme bien, te maldigo porque has matado a mi hijo y destruido a mi mujer. ¡Te maldigo! ¡Fuera de aquí, que no vuelva a verte! *(Deja caer los brazos, llorando.)* Eso fue lo que dijiste...*(Gritando.)* Jorge, a tu hermano... Renegaste de mí... *(Con un tono de desvalimiento absoluto.)* El amor que nos tuvimos... ¿qué pasó con el amor?... Si pudo romperse así, cuando el dolor debía unirnos más, entonces no existió nunca... Asesino... fui inocente, te lo juro, Jorge, inocente...

Gustavo - *(Impresionado, apoyando ambas manos en los hombros de Pablo, por detrás, y con profunda pena.)* Levántate, Pablo, no te quedes así.

Pablo - *(Todavía enajenado.)* ¿Qué es el amor, Gustavo? Dime qué es el amor si no puede compartir el sufrimiento.

Gustavo - Ven, déjame ayudarte. *(Lo ayuda a levantarse, suavemente.)* Siéntate, descansa.

Pablo - *(Mientras Gustavo lo acompaña al silloncito de derecha.)*Asesino... me trató de asesino...

Gustavo - Ven, siéntate.

Pablo - *(Se sienta y sigue repitiendo maquinalmente.)* Asesino... asesino...

Gustavo - *(Permanece de pie junto a Pablo. Luego, con una inflexión persuasiva.)* Estaba fuera de sí, Pablo. No significa que te odiara. Pero ante una tragedia semejante... se puede perder el control y decir cosas tremendas. Eso es producto del aturdimiento.

Pablo - No, no... no fue así. No me permitió ver a Silvia siquiera. Se encerró arriba con ella. Abandonó todo, sus cátedras, la pintura, la música, todo... ¿Crees que yo no sufría, tanto como él, más aún que él? Porque además de la desgracia tuve que cargar con su odio. Yo había dejado de existir para él, jamás me perdonó.

Gustavo - Me he formado una opinión equivocada respecto a ti. ¿Porqué no me lo contaste antes? Es como si solamente hoy te conociera.

Pablo - Es difícil contarlo, tienes que comprender... Jorge dijo que yo lo había arrojado al infierno, pero imagínate el infierno en que vivía yo... Llegué a sentirme realmente culpable, no por el accidente sino por ser el causante de su ruina. Asistir al tormento de mis padres, saber que él ya no se recuperaría, ver que la felicidad se había hecho añicos. Y por sobre todo el horror, el pánico de comprobar que el amor era tan frágil. Los años del amor podían acabarse en un día. La decepción... la decepción es intolerable, no hay armas para luchar contra ella...*(Pausa.)* Mi padre insistió en mandarme al extranjero, a emprender un largo viaje, solo. Lo hice. Me distraje un poco, sí. Recorría lugares y museos, como un maniático... intentaba anestesiarme. Pero Jorge estaba en todas partes, en las catedrales, en las esculturas y los frescos que habíamos estudiado y soñábamos conocer juntos alguna vez. Por las noches caía rendido y el sueño, en lugar de sosegarme, me traía pesadillas. Despertaba gritando, empapado en sudor, aterrado.*(Pausa.)* Al regresar pasé una temporada en un hotel del centro... Mis padres me compraron esta casa. No quise volver a la quinta. No he estado nunca más allá... Me refugié aquí. Me dediqué de lleno a escribir, no podía hacer nada fuera de eso; era lo único que me absorbía y apaciguaba...*(Más aplacado.)* Y entonces la casualidad hizo que me encontrara de nuevo contigo. Llevé a la editorial mi primer libro de poemas. Tú eras ya el presidente de la firma. No te imaginas lo que significó para mí reanudar la amistad al cabo de aquel intervalo. Una especie de milagro. No terminaré de agradecerte que fueras mi amigo, mi hermano... que ocuparas el lugar de Jorge.

Gustavo - *(Muy turbado.)* Y yo no terminaré de disculparme por haberte entendido mal.

Florencia reaparece, abriendo la puerta de la cocina.

Florencia - ¿Todavía aquí, Gustavo?... ¿De qué han estado hablando?

Pablo - *(Disimulando.)* De tonterías, sabes que constituye nuestro hábito.

Gustavo - *(También tratando de disimular, a Florencia.)* Fíjate que Pablo padece achaques metafísicos acerca de su novela.

Pablo - *(En el mismo tono, riendo, se dirige a Gustavo.)* No me tomes muy en serio, a lo mejor estaré convirtiéndome en un neurasténico. *(Gira la mano en el aire para acentuar esta frase.)* Los problemas metafísicos se resolverán y te entregaré la novela pronto. Ten paciencia, tú has sido siempre un auxilio inestimable.

Gustavo - *(Incómodo por la presencia de Florencia, a quien mira rápidamente de soslayo.)* Oh, vamos.

Pablo - *(Imitándolo.)* Oh, vamos. *(Luego con emoción.)* Sinceramente no sé qué habría sido de mí en esta enfermedad, que habría sido mi vida entera de no ser por Florencia y por ti. Eres mi mejor amigo, lo sabes.

Florencia y Gustavo cambian una mirada intensa y prolongada.

Gustavo - No digas disparates. Con tu charla insípida voy a perder mi colección de momias en recreo y la última cirugía plástica de Sonia. *Florencia vuelve a entrar en la cocina. Gustavo toma su vaso y lo alcanza a Florencia.*

Gustavo - *(Dentro.)* Mi vaso, mujer prolija. Hasta mañana

Florencia - *(Dentro).* Hasta mañana.

Gustavo sale a escena cerrando la puerta de la cocina.

Pablo - Te deseo buena suerte.

165

Gustavo - Gracias, voy a necesitarla. *(Hace un gesto afectuoso a Pablo, palmándole la cabeza.)* ¿Estás más tranquilo, ahora?

Pablo -   Sí, me ha hecho bien hablar contigo. Perdóname por el momento desagradable que te hice pasar.

Gustavo - Ni lo digas. Lamento haberte obligado a revivir acontecimientos tan penosos. Pero te debo mi gratitud por la confianza. Me descubriste al Pablo que ignoré durante tanto tiempo... Acompáñame a la puerta, ¿sí?

Pablo -   ¿Se te ha ha hecho tarde?

Gustavo - *(Consultando su reloj.)* No tiene la menor importancia, figúrate.

Pablo - Vamos.

Gustavo - *(Mientras salen por el arco que comunica con el vestíbulo.)* ¿Trabajarás en el libro?

Pablo -   Prometo formalmente que sí.

> *La escena queda vacía un momento. Vuelve Pablo, atraviesa el estudio y va hacia el tocadiscos. Cuando está por hacerlo funcionar suena el teléfono. La luz, que ha ido decreciendo progresivamente, se ha convertido casi en oscuridad total. Antes de atender Pablo enciende los faroles venecianos.*

Pablo -   Hola,... Buenas noches, sí... ¿Quién habla?... ¿Dónde?... Ah, en Roma... Sí, estuve varias veces... Ajá... La verdad es que conocí a tanta gente en Roma, disculpe, no lo recuerdo... Sí, muy enfermo, hace poco... Ya estoy saliendo, por lo menos eso dicen... Sí, acabo de regresar del campo... Sólo siete días, para reponerme.... Hum... pero usted parece saberlo todo acerca de mí... Espere, tengo una vaga idea de que alguien me ha hablado de usted en alguna oportunidad... ¿Era suya la tarjeta?... Verá, me resultó un poco enigmática, me intrigó. Sobre todo por no saber de quién venía... Sí, por supuesto, encantado... No, no, en absoluto... ¿Mañana?... ¿Por qué no esta noche?... Oh, imagínese que después de una semana en el campo no he hecho otra cosa que descansar... Muy bien, lo espero. Hablaremos de Roma...*(Sonríe.)* Creo que la más hermosa de la tierra... De acuerdo, hasta luego entonces.*(Cuelga.)*

Pablo va al centro de la escena, perplejo. Cruza el antebrazo derecho sobre el pecho, apoya el codo izquierdo sobre el dorso de la mano derecha y se cubre la boca con la mano izquierda abierta, en actitud meditativa. La luz cambia lentamente. Se apagan los faroles venecianos y la chimenea. Un resplandor cada vez más intenso inunda el estudio desde el jardín. Promedia la mañana de un verano luminoso.

Escena II

Florencia aparece por la puerta del jardín, con un vestido liviano, llevando en la mano varias hojas escritas a máquina que deposita en el escritorio.

Florencia - ¡Pablo!... ¡Pablo!...

Pablo la mira. Florencia pasea la vista en torno, cruza junto a Pablo, lo busca en el vestíbulo, en la cocina. Pablo, mientras tanto, se dirige lentamente al dormitorio, entra y cierra la puerta. Florencia vuelve al estudio, ve la puerta del dormitorio cerrada y se lleva una mano a la cabeza, en un gesto de infantil estupor. Abre la puerta y entra en el dormitorio.

Florencia - *(Dentro.)* ¡Todavía durmiendo! Pablo, es una mañana gloriosa... Ni siquiera tomaste el desayuno que te traje hace una hora. *Se oye ruido de cortinas que se corren y se ve la luz que invade el dormitorio, aunque no sea visible nada de él.*
Pablo - ¡Noooo!...
Florencia - Arriba, y sin chistar. Quiero vivir esta mañana contigo.
Pablo - ¡Agente de las S.S.!... ¡Hiena de Dachau! *(Con voz insinuante.)* Ven con Pablito.
Florencia - Nada. Tendrás que tomar el desayuno.
Pablo - Debe de haberse enfriado.

Florencia - El café está en el termo. Luego te lavas la cara como un niño bien educado y te pones a trabajar. ¡Aaaay! *(Se oye un forcejeo.)* ¡Noooo! *(Vuelve a escena, componiéndose el cabello. Va directamente al tocadiscos, lo enciende, elige un disco de la estantería, ríe sola, mira en dirección al dormitorio y lo coloca en el aparato. Suena el Concierto para piano y orquesta, opus 42, de Schoenberg.)*

Pablo - *(Fuerte, siempre desde el dormitorio.)* Es horrible, despertar con una pesadilla.

Florencia - *(Divertida, hablando fuerte hacia el dormitorio.)* Tu cultura musical está dos siglos atrasada. He iniciado una campaña para modernizarte y de algún modo lo lograré. Tu discoteca huele a rancio, a pelusa empolvada.

Pablo - *(Dentro.)* ¡El colmo! ¡Se me calumnia! *(Sale del dormitorio, con pijama, fumando un cigarrillo.)* Detesto a Schoenberg, no puedo digerirlo. ¿Te has propuesto envenenarme con dodecafonía? *(Abraza a Florencia.)*

Florencia - Sí, para no quererte más. *(Alza la cabeza y Pablo la besa en la frente.)*

Pablo - ¿Piensas dejar de quererme? *(Se desprende de ella, agita el índice apuntándola, abre desmesuradamente los ojos y con tono sentencioso.)* No podrás, no podrás, por mucho que te esfuerces. *(Abre los brazos.)* Soy irresistible, perturbador. *(Da una vuelta completa con los brazos abiertos, desperezándose.)* Soy irresistible, irresistible .*(Se detiene y la mira.)* ¿Verdad que sí?... No pareces demasiado convencida.

Florencia - Mono con paperas.

Pablo - *(Con gesto lastimero.)* Oh...

Florencia - Pero te amo lo mismo

Se abrazan nuevamente, riendo. Pablo se balancea con ella. Se besan.

Pablo - *(De repente.)* ¡Riiiiing!...

Florencia - ¿Qué es eso?

Pablo - *(Yendo hacia el tocadiscos y golpeando las manos.)* Niños, sonó el timbre, ha finalizado nuestra clase de actualización dodecafónica. *(Lo apaga.)* Los sobrevivientes pueden retirarse del aula.

Florencia - *(Con tono fingidamente patético.)* Oh, Pablo, demuestras una ignorancia desconsoladora... Mis lecciones son un fracaso, estoy abochornada.

Pablo - Animo, profesora, no desmaye. Dentro de ochenta años seré un ferviente admirador de Schoenberg. De Stockhausen, inclusive. *(Se sienta en el sillón frente al escritorio.)* ¿A qué hora volviste anoche?

Florencia - Tardísimo... A propósito, debo notificarte algo lamentable.

Pablo - ¿Qué?

Florencia - Roncabas.

Pablo - ¿Yo? Jamás ronco.

Florencia - Claro, no te oyes. ¿Cuándo alguien ha confesado que ronca?

Pablo - *(Tímidamente, tras una breve pausa.)* ¿Muy fuerte?

Florencia - Lo correcto sería decir que rugías.

Pablo - Mientes para humillarme.

Florencia - *(Riendo.)* Una de estas noches pondré el grabador y verás si miento.

Pablo - Pues tendrás que resignarte a mi decadencia física... Tu risa suena cascada... Hum... de ayer a hoy has envejecido en forma alarmante. No te lo hago notar porque soy discreto, claro. *(Florencia continúa riendo.)*... ¿Qué tal la reunión?

Florencia - Lo de siempre. Tu ausencia se comentó en todos los tonos.

Pablo - ¿Qué dijiste?

Florencia - La verdad, que estabas muy atareado con tu novela. Gustavo inventó mil excusas disparatadas por el camino...

Pablo - Puedo imaginármelas...

Florencia - Pero me adelanté a él.

Pablo - Lo hubieras dejado. Es impagable con sus historias.

Florencia - Sí, para que después tuvieras que salir a la calle enyesado. O con la cabeza vendada, como aquella vez.

Pablo - *(Riendo.)* ¿Te acuerdas? Y tener que contar el accidente... Fue muy divertido.

Florencia - Para ustedes. Yo, en cambio, no sabía cómo arreglármelas cuando alguien me preguntaba si había sido como lo contabas tú o como lo contaba Gustavo.

Pablo - De modo que la fiesta resultó la calamidad de costumbre.

Florencia - Sin variantes.

Pablo - Me alegro por haberme salvado.

Florencia - *(Recordando de pronto.)* Ah, pero no. Casi lo olvido.

Pablo - ¿Qué?

Florencia - El muchacho... Me llamó la atención apenas lo vi, por lo joven, y además... sabes, ese tipo de gente que te atrae en seguida; por lo menos a mí, los demás parecían ignorarlo.

Pablo - ¿Quién era?

Florencia - No sé, nadie me lo presentó... Me miró como si me conociera cuando entré y me hizo una inclinación de cabeza a la distancia.

Pablo - ¿Eso es todo?

Florencia - No. Pregunté a Rodolfo y a Laura si lo conocían y me dijeron que no.

Pablo - ¿Qué tiene de raro?

Florencia - Nada, excepto que a cuantos pregunté me respondieron lo mismo.

Pablo - Sigo sin ver el misterio.

Florencia - Bueno, el hecho es que me enredaron en cien conversaciones y lo perdí de vista. Sin embargo sabía que seguía ahí.

Pablo - Muy natural, las personas no se evaporan.

Florencia - Y después Teresa me obligó a soportar una sesión de sus confidencias. *(Gesto de espanto de Pablo.)* Por suerte tuvo que ir en busca de otra dosis de whisky y quedé sola un momento. Entonces sentí el impulso de darme vuelta porque tenía la seguridad de que él me observaba.

Pablo - Ese él suena muy patético. Te diste vuelta y te topaste con él vestido de diablo y haciéndote un saludito con el tridente mientras agitaba la cola alborozado.

Florencia - Te ríes de mí. No hablo más.

Pablo - Sí, por favor. Quiero saber el final del drama que tanto te ha conmovido.

Florencia - Pues, se acercó sonriendo y llamándome por mi nombre.

Pablo - ¿Y tú?

Florencia - Iba a preguntarle por el suyo, pero no me dio tiempo. Empezó a hacer comentarios sobre tus libros.

Pablo - *(Interesándose de pronto.)* ¿Mis libros? ¿Así, de improviso?

Florencia - Sí, y vieras con qué agudeza. Realmente asombrosa. Diría que los sabe de memoria. Y no sólo eso. Hablaba de todo con autoridad, como un erudito. Es de una penetración inconcebible para su edad.

Pablo - ¿Qué opinaba de mí?

Florencia - Te admira. Dice que te conoció en Roma.

Pablo - ¿En Roma?... No tengo ni la menor idea.

Florencia - Muy superficialmente, aclaró. Dijo que se encontraron una vez, por casualidad, y es muy probable que no lo recuerdes. Me pidió que lo pusiera en contacto contigo. Te encantará tratarlo, no me cabe duda.

Pablo - ¿Vive aquí?

Florencia - No, está de paso. Eso deduje, por lo menos.

Pablo - ¿Y no dijo dónde paraba?

Florencia - No. Tampoco se me ocurrió averiguarlo... Pero le di la dirección y el teléfono.

Pablo - Te resultó agradable.

Florencia - Verás, al principio me intimidó.

Pablo - *(Muy sorprendido.)* ¿Te intimidó?

Florencia - En realidad no sabría cómo explicártelo... *(Piensa.)* Tiene una mirada dominante, incisiva. *(Pausa.)* Aunque no era únicamente... ¿Has notado que cierta gente, muy poca, está envuelta en una atmósfera particular?

Pablo - Sí.

Florencia - Pues bien... fue lo primero que advertí en él. Lo rodeaba una especie de halo... un resplandor... nefasto... destructivo... ¿entiendes? *(Pablo asiente, con atención.)*, algo que no alcanzas a precisar porque es intuitivo, pero que por eso mismo te pone automáticamente en guardia... Sé que sonará exagerado, pero lo vi, lo vi con toda claridad.

Pablo - No, no, te entiendo.

Florencia - Por otra parte esa mentalidad tan adulta, incompatible con sus años. Te sorprende con las ideas más extrañas, un poco extravagantes a veces. Sin embargo su juicio resulta inexorable. No puedes rebatirlo, ni siquiera intentar una discusión; te convence de inmediato, aun cuando esté contradiciendo lo que siempre creíste. Todo lo que afirma se vuelve una verdad y salta de una cuestión a otra con una rapidez vertiginosa.

Pablo - *(Muy interesado.)* Sí...

Florencia - *(Sonriendo apenas.)* En fin, supongo que la suma me impresionó. Me tenía sobre ascuas, desarmada... Pero luego, a medida que lo escuchaba, fui adivinando su soledad, un aislamiento casi absoluto, que debe de resultarle doloroso porque trataba de ocultarlo. De pronto... fue un chispazo... lo vi parecido a ti.

Pablo - ¿A mí?

Florencia - Quiero decir que así debiste de ser a esa edad, analítico, buscando respuestas para todo. Sólo que tú aceptarías la sumisión del tiempo y la espera y eso te daba margen para el optimismo; aun ahora eres optimista, y nunca dejarás de serlo, tengo la certeza. El, en cambio, ha madurado demasiado precozmente. *(Muy reflexiva.)* Es como... como si hubiera cruzado el último límite y estuviera del otro lado... detrás de la esperanza. Carece de entusiasmo, ves, eso es lo terrible: que su inteligencia sea negativa. Jamás podrá crear nada... igual que Ricardo.

Pablo - ¿Quién?

Florencia - Ricardo, el protagonista de tu novela.

Pablo - *(Admirado.)* ¿Sí?... Ya has terminado de picarme la curiosidad. Sin embargo, de acuerdo con lo que dices de ese muchacho, no veo la semejanza. Mi protagonista es bastante rebelde, lo reconozco, hasta agresivo en ocasiones, pero también lleno de fe en los demás. A su modo es ingenuo y tolerante, aunque él mismo sea inconsciente de su debilidad. Más bien creo que se asemeja al último de los personajes, Marcelo, el imprevisto, que en fin de cuentas se convertirá en la clave de la novela.

Florencia - Hum... para mí ese personaje se confunde con el protagonista o, mejor dicho, es un desdoblamiento del protagonista que simbolizaría su muerte virtual. ¿O me equivoco?

Pablo - No sé, tal vez tengas razón.

Florencia - Son dos posibilidades de una personalidad única. Esa sería la explicación del carácter contradictorio de Ricardo.

Pablo - ¿Y el vínculo con tu misterioso joven de anoche?

Florencia - Precisamente, en él percibes esa dualidad: lo estéril y lo fecundo, lo que es y lo que podría haber sido... Muy oscuro, ¿verdad?

Me dejo arrastrar por la intuición, no tengo un día propicio para las interpretaciones brillantes.

Pablo - No creas, comprendo perfectamente lo que quieres decir. Tienes una sagacidad tremenda. Siempre me haces ver en lo que escribo un sinfín de cosas que yo no alcanzaría a descubrir, me aclaras los puntos inciertos y me das las soluciones.

Florencia - No hago más que opinar, Pablo; no tiene importancia.

Pablo - Sí que importa, es una ayuda muy valiosa. Mi novela te pertenece en gran parte.

Florencia - Esta mañana leí el capítulo que escribiste ayer... la estás modificando de raíz.

Pablo - Me espera una tarea agobiadora.

Florencia - Vas a darle otro sentido con tantos elementos nuevos.

Pablo - No, la mayor parte de ellos quedan relegados a un segundo plano. Es rigor, vaya novedad, los elementos capitales son tres: el amor, la creación y la muerte. Cada uno participa en cierta medida de los otros dos. Lo más arduo es llegar a equilibrarlos porque el acierto, en última instancia, consiste en mantenerlos igual que la vida como individualidades que luchan entre sí. Hay tanto por hacer... temas que necesitan un desarrollo más amplio, personajes que no han pasado del bosquejo y es preciso definir, situaciones mal delineadas... Me preocupa, sobre todo, pensar que en el desenvolvimiento se debilite la unidad del planteo; hasta ahora lo veo fragmentario, desordenado, y me desalienta.

Florencia - Dime cuándo no has tenido esa incertidumbre, esos titubeos... por lo que yo recuerdo en todo lo que escribes. Deberías aprender a recibir las crisis con alegría, significan un paso adelante. Tal vez no componendas el valor de lo que estás haciendo, pero, Pablo, esto es lo más hermoso que has escrito...

Pablo - Quizá el estilo...

Florencia - No me refiero al estilo, ni a la destreza en el relato, eso es accesorio; me refiero al carácter. La cualidad que más he respetado en ti es la sinceridad. No obstante, tu sinceridad no iba más allá de lo objetivo: observabas y traducías como un espectador atento y maravillado, como un ojo que registraba sin deformar la imagen. Siempre temí que te detuvieras, que no consiguieras librarte de la estrechez del molde. Te veía desorientado, y compartía tu angustia en silencio porque la transformación no puede violentarse con razonamientos. Tenías que hundirte hasta el fondo para salir. Pero por fin has salido.

Pablo - Gracias a ti.

Florencia - No, Pablo, es una conquista tuya. Tuviste que sufrir, y el sufrimiento será mayor ahora. Esta novela no tiene nada que ver con lo anterior. Es una confesión, y la confesión requiere entereza.

Pablo - De todas maneras no es un sufrimiento. Me haces sentir ridículo al llamarlo así. Se trata de mi vocación. No es sufrimiento, sino placer.

Florencia - Sabes muy bien que a menudo son términos idénticos.

Pablo - Yo llamo sufrimiento al producido por una agresión exterior, física o moral, a la catástrofe que te cae encima y frente a la cual te encuentras con las manos atadas. Sufrimiento e impotencia son inseparables. Tú sí has sufrido.

Florencia - Y tú también.

Pablo - Pero no en este caso.

Florencia - Hay distintas maneras de sufrir, Pablo. Todo dolor es grande si es auténtico y no degenera en resentimiento. El dolor de expresarse es el más profundo... Mucha gente está conformada para recibir y poca para dar. Tú vives dando; por eso lo que haya podido yo sufrir me lo has compensado con creces.

Pablo - Pero, Flo, es justamente lo contrario. Yo...

Florencia - No entiendes qué quiero decir con dar. Tú eres como un manantial, tienes esa inconsciencia de prodigarte sin saberlo.

Pablo - De no ser por tu abnegación... *(Se interrumpe, llevándose ambas manos al pecho.)*

Florencia - *(Alarmada, se acerca a él.)* ¡Pablo, querido!, ¿qué tienes?

Pablo - *(Queda inmóvil, con una expresión angustiosa y los labios entreabiertos. Tras un silencio.)* Aquí... El pecho... Me ahogo...

Florencia - Ven, siéntate. *(Lo acompaña al silloncito de izquierda.)*

Pablo - *(Con voz muy débil.)* No te alarmes, ya pasará.

Florencia - Espera, te traeré un poco de agua. *(Corre a la cocina y vuelve trayendo un vaso con agua.)*

Pablo - No, no quiero... Acompáñame a la cama, te lo ruego. *Florencia deja el vaso en la mesita y acompaña a Pablo al dormitorio.*

Pablo camina con dificultad, apoyándose en ella. Se detiene una o dos veces durante el trayecto. Cuando lo deja allí, Florencia regresa a escena y corre al teléfono. Disca un número.

Florencia - ¿Sí?... ¿Gustavo? Por favor, Gustavo, ven en seguida... Pablo... No sé, se siente muy mal... Sí, sí, ahora mismo lo llamaré.

Pablo - *(Desde el dormitorio.)* ¡Flo!

Florencia - ¡Sí, Pablo, voy! *(Cuelga el tubo y va al dormitorio. Al momento regresa, toma el vaso de la mesita y va nuevamente al dormitorio. Tras un breve intervalo sale a escena y permanece agitada e indecisa, restregándose las manos. Luego se dirige al bar, lo abre, toma una botella y un vasito; lo llena y vuelve al dormitorio. Desde dentro.)* ¿Pasa?...

Pablo - *(Dentro.)* No, me siento peor... creo que voy a morirme.

Florencia - No hables, mi amor... ¿Te acuesto?

Pablo - No, no puedo moverme... Tengo frío.

Florencia - Te alcanzo una manta. *(Se la ve cruzar tras la puerta del dormitorio en un sentido y luego en el otro, llevando la segunda vez una manta.)* ¿Estás mejor así?

Pablo - Sí.

Florencia - *(Vuelve al estudio y va rápidamente al teléfono. Marca y aguarda.)* Hola... ¿El doctor?... Con la señora, entonces... Florencia. *(Corto silencio.)* ¿Laura?... *(Solloza.)* Pablo... Ha tenido un ataque... Sí, lo veo muy mal... ¿Rodolfo está en el sanatorio?... Bueno, hazme el favor. Llamé a Gustavo; felizmente se hallaba en la editorial, aquí cerca... Gracias, Laura... Lo antes posible. Hasta luego. *(Cuelga y trata de sobreponerse al llanto. Se seca las lágrimas y se encamina al dormitorio. Suena el timbre. Florencia se sobresalta y va al vestíbulo. Se la oye abrir la puerta. Dentro.)* ¡Gustavo! ¡Gracias a Dios llegaste!

Gustavo - *(dentro)* ¿Que ha ocurrido?

Entran ambos a escena. Gustavo viste un claro traje de verano. Florencia llora. Gustavo la ciñe por la cintura.

Gustavo - ¿Llamaste a Rodolfo?

Florencia - Sí, no se encontraba en su casa pero Laura le avisará

Gustavo - Serénate, Florencia. Que Pablo no te vea tan asustada. ¿Dónde está?

Florencia - Recostado en el dormitorio... ¡Qué alivio que hayas venido, Gustavo! No sabía qué hacer sola.

Gustavo - Vamos a verlo, ven.

Gustavo entra en el dormitorio; detrás de él va Florencia, secándose las lágrimas. La escena queda desierta. Vuelven a encenderse lentamente los faroles venecianos y el fuego de la chimenea, en tanto se apaga la luz matinal que viene del jardín.

Escena III

Pablo sale del dormitorio, vestido como en la escena I, con pantalón oscuro y chaqueta tejida beige; va hasta el escritorio, recoge la tarjeta que había buscado en la Escena I y dejado en un ángulo del mismo. La mira, le da vuelta en la mano y luego la guarda en el bolsillo derecho de la chaqueta. Enciende la lámpara, se sienta, revisa algunas páginas. Abre un cajón, extrae una hoja en blanco, la coloca en la máquina y comienza a escribir. Florencia viene de la cocina llevando una bandeja con guiseras. Viste la misma ropa que en la Escena I.

Florencia - No será un banquete inolvidable, pero peores cosas se han comido en esta tierra.

Pablo - Querida, no tengo apetito

Florencia - ¿Vas a herir mi vanidad de cocinera? Harías muy mal... ¡Fíjate en este revoltijo! ¡Es un infierno! ¿Cuándo me dejarás ordenarlo? No quise tocar nada durante tu ausencia... como me lo tienes penado... *(Mientras habla hace lugar en el escritorio para la bandeja, detrás de la máquina de escribir. Destapa una guisera y la tiende a Pablo, con un tenedor. Pablo vuelve a depositarlos en la bandeja.)*

Pablo - Ven acá, cuéntame qué te ha puesto tan nerviosa.

Florencia - *(Se acerca a él y le rodea la cabeza con ambos brazos, estrechándolo.)* No estoy nerviosa. Es que estos días se me han hecho interminables sin ti.

Pablo - Te dije que debíamos ir los dos.

Florencia - Era una ocasión ideal para probar mi temple... *(Sonriendo.)* Ahora sé que no tengo ninguno.

Pablo - Te he extrañado mucho.

Florencia - *(Dominándose, con gran esfuerzo, trata de sonreír.)* Te ha repuesto el campo. Traes otro color. ¿También ideas nuevas?

Pablo - Algunas. He decidido cambiar el último capítulo; ya le encontré la falla, creo.

Florencia - Pues bien, ponte a trabajar.

Pablo - Oh, no será posible.Por hoy,al menos.

Florencia - ¿Qué, te sientes cansado?

Pablo - No, en absuluto. Pero vendrá alguien a visitarme esta noche.

Florencia - ¿A visitarte?... ¿De dónde sacas eso?

Pablo - Mientras estabas en la cocina llamó por teléfono tu amigo misterioso.

Florencia - Mi joven misterioso... Pero, Pablo, ¿de qué estás hablando?

Pablo - ¿Recuerdas la tarjeta que recibí antes de irme al campo?

Florencia - Sí, aunque no supimos quién la enviaba.

Pablo - Acaba de llamar. Yo tampoco podía acordarme, pero estuve haciendo memoria. Tiene que ser aquel muchacho que conociste en la fiesta de los Moore, el día antes de que yo cayera enfermo.

Florencia - Ah, ya recuerdo... aquel joven tan extraño.

Pablo - Le diste la dirección y el teléfono. Quería venir mañana, pero le dije que sería mejor esta noche.

Florencia - Me iré a la cama cuando venga, entonces. Te haré compañía hasta tanto.

Pablo - ¡Muy bien!... tú lo conoces, me lo mandas a mí y luego pretendes desaparecer.

Florencia - No te enojes, estoy agotada. Y además él tiene interés en verte a ti... Toma. *(Vuelve a darle la guisera.)* Come esto ahora, hazme .caso.

Pablo come mientras Florencia da unos pasos, luego toma un
libro de la estantería de foro y se sienta en el sillón de la
izquierda. Pablo recomienza el tecleo. Florencia lee y levanta
la vista repentinamente, mirando a Pablo.

Pablo - *(Sin desviar los ojos de la máquina.)* ¿De verdad no te sucede
nada?
Florencia - De verdad. *(Permanece absorta, concentrada en un*
pensamiento. Tras una pausa suena el teléfono. Florencia se levanta,
llevando el libro que deja detrás del bar en un sitio invisible para el
público, y atiende.)

Escena IV

(Mientras Florencia se dirige al teléfono la luz de la escena
vuelve a la claridad de la tarde, más intensa que al comienzo
de la Escena I. Se apagan, poco a poco, los faroles y la
chimenea. Pablo, sin embargo, continúa trabajando con la
lámpara encendida.

Florencia - Hola... Hola Gustavo... Bien, sí, ¿Y tú?... No, Pablo no
está... No, no, en el campo. Lo espero hoy, no sé a qué hora...¿Adónde?... ¿Aquí, en la esquina?... Pero, claro, ven. Pablo se alegrará de
encontrarte... Te dejo abierta la puerta. *(Cuelga. Va al vestíbulo*
tarareando y se la oye abrir la puerta. Regresa, siempre tarareando,
cruza la escena y sale al jardín.)
Pablo - *(Revisa papeles, toma un bolígrafo.)* No, no, esto no puede
ser... es falso, completamente artificial. *(Tacha párrafos, luego escri-*
be a máquina. Se interrumpe y come distraídamente. Durante todo el
resto de la escena continúa con esa actividad.)

Gustavo entra desde el vestíbulo y ve el estudio desierto.

Gustavo - ¡Ah, de la casa!

Florencia - *(Viniendo desde el jardín, con algunos tarros y una taza.)* ¡Aquí estoy! Bienvenido. *(Trata de tender la mano a Gustavo y no consigue desembarazarse de los objetos.)*

Gustavo - *(Dándole un beso en la mejilla.)* Te ayudo.

Florencia - No, los llevo a la cocina. *(Va hacia allí y continúa hablando.)* Hay tanto que hacer en una casa que cuando empiezas no terminas nunca. *(Sale a escena.)* Puedes creerme que estos días he trajinado sin parar y apenas si logré ordenar una mínima parte. Lo verdaderamente terrorífico es el escritorio de Pablo, pero allí no puedo intervenir. *(Cambiando.)* ¿Qué me cuentas?

Gustavo - Que te veo floreciente, más aún que de costumbre. Haces honor a tu nombre.

Florencia - Cumplido de caballero. Te referirás a mis despojos... estoy mortalmente cansada. *(Mientras dice esto se abandona en un sillón.)* ¿Qué te ofrezco?

Gustavo - Tu sonrisa simplemente.

Florencia - ¿Te preparo café, o té?

Gustavo - No, nada, te agradezco.

Florencia - Siéntate, Gustavo, pareces un vigía.

Gustavo - *(Mientras se sienta.)* Supuse que Pablo estaría ya de regreso y como pasaba por aquí se me ocurrió verlo.

Florencia - Me llamó Celia ayer por la mañana. Tuvo que ir a la ciudad de compras y, de paso, quiso avisarme que posiblemente traerían hoy a Pablo. Aunque ya sabes cómo es de informal Enrique; tal vez no aparezcan.

Gustavo - Pensaba que tú también habías ido con Pablo.

Florencia - Sí, Celia y Enrique insistieron. Son tan afectuosos. Y se han preocupado tanto por Pablo... Pero me pareció que era mejor así: siete días de ambiente nuevo y descanso total mientras yo acomodaba la casa. No ha tenido una convalecencia apropiada y estando aquí es imposible mantenerlo apartado de su trabajo. Apenas Rodolfo le permitió abandonar la cama se precipitó sobre la novela. La única solución era llevarlo afuera y Celia tuvo que desplegar todas las dotes de persuasión.

Gustavo - ¡Esto es nada menos que una confabulación contra mi persona! Necesito ese libro terminado cuanto antes,

Florencia - Haces mal en presionarlo de ese modo. Ya bastante impaciente es Pablo para que tú lo pongas más ansioso.

Gustavo - ¿A ti te permite leerlo?

Florencia - Sí, por supuesto.

Gustavo - Presumo que ha de ser una obra maestra. A mí me lo tiene prohibido. Claro está que no soy muy competente, mi juicio carece de valor.

Florencia - No digas eso. No es cierto. Su reserva nace de otros motivos y sé que los comprendes. Pablo te quiere tanto... y eso mismo, en este caso, lo hace ser un poco reticente hasta tanto pueda mostrarte su labor acabada. En cuanto a lo demás puedes tener fe en que será algo más que excepcional.

Gustavo - Si estás tan entusiasmada no dudo de que debe ser genial.

Florencia - Ya verás, ya verás. Descubrirás a un Pablo insospechado.

Gustavo - *(Ceremonioso.)* Amén. *(Un poco nervioso.)* Querría hablarte de otro cosas, aprovechando que estamos solos.

Florencia - Pero antes me permitirás que me arregle. ¿No te importa esperar un momentito?.

Gustavo - Desde luego que no.

Florencia - *(Que ya se ha levantado, dirigiéndose al dormitorio, se da vuelta y súbitamente, como anotando una comprobación de la que sólo entonces toma conciencia.)* Te veo raro hoy.

Gustavo - He sido siempre un poco raro. Me lo has señalado con frecuencia.

Florencia - *(Riendo francamente.)* Es verdad... Espero no crearte complejos.

Gustavo - ¿Te sentirías culpable?

Florencia - ¡Ni que decir tiene! Formamos un trío indisoluble.

Gustavo - ¡Qué frase aterradora! ¡Me suena macabra!

Florencia - *(Sonriendo y sacudiendo la cabeza a uno y otro lado.)* Decididamente estás raro hoy.

Florencia entra en el dormitorio y cierra la puerta. Gustavo se aproxima al bar y queda un instante contemplando el

primitivo. Pablo deja de leer y revisar y continúa con la máquina. Lentamente el estudio vuelve a la luz nocturna de la Escena III. Gustavo, entretanto, atraviesa el escenario y sale al jardín. Cuando se ha completado la transformación de la luz suena el timbre de calle.

Pablo - *(Tras un gesto y una exclamación de impaciencia.)* Ahí está él. ¿Por qué se me habrá ocurrido decirle que viniera hoy?*(Se pone de pie.)*

TELON

Durante el entreacto se escucha el *Quinteto para clarinete, Kochel 581,* de Mozart. Según la extensión que se acuerde al intervalo podrá difundirse la versión integral - sin las repeticiones indicadas en la partitura- o solamente los movimientos segundo (Larghetto), tercero (Menuetto) y cuarto (Allegretto con Variazioni).

SEGUNDO ACTO

Escena V

*La escena se halla como al finalizar el Acto Primero, con la
única excepción de que Florencia está nuevamente sentada,
en posición idéntica a la que se encontraba al concluir la
Escena III, leyendo un libro. Pablo escribe a máquina en el
escritorio. Tras un intervalo suena el timbre de calle.*

Pablo - *(Luego de un gesto y una exclamación impacientes.)* Ahí está
él. ¿Por qué se me habrá ocurrido decirle que viniera hoy? *(Se pone
de pie.)*
Florencia - Deja, querido, le abriré yo. *(Abandona el libro abierto en
el sillón de izquierda, donde estaba sentada, y sale al vestíbulo. Se
oyen el ruido de la puerta y saludos. Regresa a escena adelantando
el brazo derecho.)* Pase, pase usted.
Visitante *(Entrando al estudio.)* Gracias.

*El Visitante es sumamente joven, pero aplomado, seguro de sí.
Cuando entra en escena la luz adquiere un matiz amarillento
muy pronunciado.*

Pablo - *(Se le acerca, tendiéndole la mano.)* Adelante, buenas noches.
Visitante *(Saludando a Pablo.)* Buenas noches. Celebro mucho volver a verlo. Le agradezco sinceramente la deferencia de recibirme.
Pablo - Es un placer para mí. Usted ha sabido rodearse de una cierta
expectación, con su tarjeta y lo que Florencia me había contado acerca
de la charla que tuvieron en una oportunidad. *(Sonriendo.)* Me ha
costado un poco ligar todos los datos.

Visitante Lo lamento de veras. Créame que ha sido completamente involuntario, no he tenido la menor intención de presentarme como un fantasma. Y no querría resultarle importuno con mi visita.

Pablo - De ninguna manera... Y no lamente nada, la curiosidad es un modo bastante efectivo de acercamiento. Pero hágame el favor, siéntese.

Visitante *(Sentándose en el sillón de derecha.)* Gracias.

Florencia - ¿Es usted amigo de los Moore?

Visitante ¿Los Moore?... Ah, se refiere a aquella horrenda fiesta, supongo... No, no soy amigo de ellos. Mi presencia fue puramente accidental... para los demás, quiero decir. por lo que a mí concierne sólo me interesaba usted; supe que estaría allí esa noche y por eso fui. Usted podía facilitarme una entrevista con el señor...

Pablo - *(Lo interrumpe.)* Llámeme Pablo, por favor. *(Riendo.)* No me haga sentir el peso de mis numerosos achaques.

Visitante Bien, con Pablo. *(Volviendo a Florencia.)* Espero que no lo tome a mal.

Florencia - No, ¿por qué habría de hacerlo?

Pablo - Florencia quedó muy impresionada con el encuentro. A la mañana siguiente no hizo otra cosa que hablarme de usted... Pero ¿qué inconveniente tenía en comunicarse directamente conmigo si lo deseaba?

Visitante La timidez quizá.

Pablo - ¿Timidez?.. Usted no parece tímido, no lo parece en absoluto.

Visitante Tal vez no lo parezca. Sin embargo lo soy, en determinadas situaciones.

Pablo - Han pasado más de dos meses desde aquella fiesta.

Visitante Sí, es cierto. Pero me enteré de que estaba usted enfermo... la noticia salió en los periódicos... así que no quise ser imprudente. Aguardé un tiempo y le envié esa tarjeta la semana anterior.

Pablo - Me intrigó bastante su tarjeta, no alcancé a descifrar su firma... *(Sacando la tarjeta del bolsillo.)* Aquí la tengo, justamente.*(La mira.)* ¿Sabe lo que más me llamó la atención?: la similitud de su letra con la mía. Es asombroso. Florencia quedó estupefacta cuando se la mostré.

Florencia - Sí, hay rasgos que son exactamente iguales a los de Pablo. Al principio pensamos que sería una broma de alguien que imitaba su escritura.

Pablo - Sobre todo porque no entendimos la firma. ¿Cómo se llama usted?

Florencia - *(Que se había sentado en el silloncito de izquierda, se levanta.)* ¡Pablo, somos unos dueños de casa deplorables! Lo estamos sometiendo a un interrogatorio de tipo policial. Es una actitud muy poco hospitalaria.

Visitante Pero lógica, dado que apenas me conocen.

Florencia - *(Al visitante.)* ¿Ha cenado ya? Puedo prepararle algo en un minuto.

Visitante Por favor, no se moleste. Ya he cenado, le agradezco.

Pablo - Florencia tiene la manía de hacer comer a la gente, es imposible quitarle esa obsesión.

Visitante *(Riendo.)* No se aflija, no es un defecto grave.

Pablo - Créame que sí, en ella toma las características de una pasión morbosa.

El visitante continúa riendo.

Florencia - *(Al Visitante.)* Lo dice él, que vive despreciando mis habilidades. *(Mientras dice esto va hacia el escritorio. Destapa las guiseras.)* Ves, Pablo, casi ni has probado esto. *(Al Visitante.)* ¿No sabe de ningún método para que un escritor se alimente como es debido?

Visitante No, lo siento... a menos que se emplee la fuerza...

Florencia - Algo que nunca terminaré de explicarme es cómo los personajes de Pablo pueden hacer tal cantidad de cosas y resistir hasta la última página sin estar desfigurados por la debilidad. ¿No se ha fijado que en sus novelas jamás se describe un almuerzo, o una cena?

Visitante *(Riendo.)* Ahora que me lo ha hecho notar...

Florencia - Me inspiran una lástima profunda. Pobres, todo ese ayuno... capítulo tras capítulo... teniendo que reflexionar siempre sobre cuestiones tan complejas... y permanentemente desnutridos... años y años de desnutrición.

Pablo - *(Al Visitante, abriendo los brazos en dirección a Florencia.)* Lo que acabo de decirle: una idea obsesiva.

Florencia - No lo niegues, Pablo. Eres injusto con ellos, les impones una dieta demasiado severa, los martirizas de hambre... será por eso que casi todos declinan con rapidez... Sí, es triste admitirlo, pero mueren tan jóvenes. *(Al Visitante.)* Por lo general son contados los que sobrepasan los cuarenta, usted lo habrá observado; y cuando lo consiguen ya están prácticamente irreconocibles, enflaquecidos, temblorosos, extraviados... Imagínese, ¿quién es capaz de soportar ese régimen durante cuarenta años?

Pablo - *(Al Visitante.)* ¿No piensa que ella padece una enfermedad alarmante?

Visitante *(Todavía riendo.)* Pienso que forman ustedes una pareja muy simpática.

Florencia - *(Ha tomado la bandeja y se dirige a la cocina.)* Perdón, voy a llevar esto.

Pablo - ¿Le ofrezco una bebida entonces? ¿Prefiere whisky, o un cognac?...

Visitante Oh, no se ocupe de mí. Nunca bebo.

Pablo - Yo sí, de vez en cuando. ¿Me permite?

Visitante Se lo ruego...

Pablo - *(Mientras se encamina hacia el bar, en voz alta.)* ¿Qué te sirvo, Flo?

Florencia - *(Viniendo de la cocina.)* Nada, querido, ya ha sonado la hora para mí. Voy a acostarme, si me disculpan.

Pablo - *(En tanto se sirve un cognac.)* ¿Vas a acostarte tan temprano?

Florencia - Sí, estoy extenuada. Me levanté a las siete y no he parado en todo el día.

Visitante Quizá debiera retirarme. Puedo volver en otra oportunidad.

Florencia - Por favor, ni se le ocurra.

Visitante No podrá dormir si nosotros hablamos.

Florencia - Se ve que no conoce esta casa. Es como un castillo medieval, no se oye nada de una habitación a otra. Además esta noche me quedaré en el departamento de huéspedes, al otro lado del jardín... Todavía no lo has visto, Pablo, no lo reconocerás. Lo arreglé mientras estabas afuera; parecía una cueva de brujas.

El Visitante se pone de pie. Florencia se acerca a él y le tiende la mano.

Florencia - Encantada de tenerlo en casa. Espero que no sea su última visita.

186

Visitante También yo lo espero. Gracias por su cordialidad.

Florencia - *(Besa a Pablo.)* Hasta mañana, Pablo.

Pablo - Hasta mañana, querida.

Florencia -*(Pasa por el sillón de izquierda, recoge el libro que había dejado allí y va hacia la puerta del jardín. Volviéndose.)* Ah, Pablo, les he dejado café hecho en la cocina. Si quieren, no tienen más que calentarlo. Buenas noches.

Visitante Buenas noches.

Pablo - Buenas noches, Flo, que descanses.

Visitante *(Caminando por la escena.)* Qué curioso, siempre me lo figuré tal cual es.

Pablo - ¿Tal cual es?

Visitante Su estudio, digo; hubiera podido describirlo sin el más mínimo error. Porque es aquí donde trabaja, ¿verdad?

Pablo - *(Riendo.)* Sí, para desesperación de Florencia, que no puede mantenerlo en orden.

Visitante Es agradable, cálido, tiene el sello de su personalidad. *(Se aproxima al escritorio. Sonriendo.)* Su laboratorio privado... se halla en plena actividad, por lo que veo. ¿Qué está escribiendo?

Pablo - Una novela... bastante intrincada, a duras penas consigo entenderla yo mismo.

Visitante - No me extraña. La creación es un proceso casi mágico; el creador es el que sorprende el proceso, aunque con frecuencia no logre explicárselo. Tengo entendido que a la mayoría de los escritores les sucede igual... a los de talento, me refiero los otros no escarban muy hondo. *(Breve pausa.)* La novela es su género, sin duda, el que le permite expresarse mejor.

Pablo - No sé si será así. Pero es el que prefiero, en todo caso.

Visitante - Basta leerlo para darse cuenta.

Pablo - *(De improviso.)* ¿Dice usted que nos hemos conocido en Roma?

Visitante Nos vimos, sí, una vez... con seguridad no lo recuerda.

Pablo - Francamente no.

Visitante Se lo veía tan ensimismado, tan distante, como si las personas no existieran a su alrededor.

Pablo - Soy bastante distraído, debo confesarlo. Y por otra parte Roma tiene la virtud de sumergirme en trance. Es una ciudad que adoro, me gustaría vivir allí. *(Pausa. Reflexivo.)* Sin embargo en usted hay algo que me es familiar... sería difícil precisar qué...

Visitante *(Se ha acercado a la estantería de foro.)* ¡Un canope!... ¡Qué hermosa pieza! ¿La ha comprado en uno de sus viajes?

Pablo - No, es un regalo de mi hermano. No sé dónde pudo adquirirlo... Cuando yo tenía veinte años soñaba con ser egiptólogo. Mi hermano me compró infinidad de libros y una mañana apareció con esto. *(Sonriendo.)* Pero mis estudios no fueron muy lejos, ni siquiera pude descifrar la estela de jeroglíficos. *(Se aproxima al Visitante.)* Sí, es una pieza muy hermosa.

Visitante ¿Quién podría saber cuántos secretos quedaron encerrados ahí con unas pocas vísceras?... Me gustan los egipcios. Nos llevaban una enorme ventaja: su idea de la muerte era limpia, casi gozosa, no la manchaban con ninguna aparatosidad macabra como hacemos nosotros. Los pueblos que han adorado al sol mantienen una vitalidad singular, no conciben el luto al modo de nuestra civilización; su arte, hasta el funerario, tiene siempre un tono de regocijo.

Pablo - ¿Le interesa a usted el arte?

Visitante Digamos que soy un simple aficionado.

Pablo - ¿A qué se dedica exactamente?

Visitante A nada en particular. Viajo, observo, me aburro; todo en dosis equilibradas. No sufro de eso que llaman vocación, si es lo que me pregunta.

Pablo - Es muy joven aún; a su edad sobra el tiempo.

Visitante No, no se trata de la edad ni del tiempo que haya por delante. Creo que la vocación es algo inútil, algo que no conduce a sitio alguno, más bien una flaqueza que una fuerza.

Pablo - Convendrá en que esa es una apreciación de validez exclusivamente personal.

Visitante Quizá... en tal caso también es un valor exclusivamente personal la vocación y todo cuanto ella produce.

Pablo - Que lo sea en sí, de acuerdo. Pero el producto sale del individuo y alcanza a veces una vigencia general... cuando tiene mérito, naturalmente.

Visitante Oh, sí. ¿Y en qué estriba ese mérito? Sólo en que afecta a lo personal de los otros... Nos movemos siempre entre subjetividades, esto es lo que quiero significar. No hay creación capaz de atravesar las barreras que confinan al ser humano dentro de sí.

Pablo - ¿A qué más aspira? ¿A que el hombre transforme el mundo? Es bastante improbable.

Visitante Evidente. Ese sería el único acto objetivo de la vocación. Lo demás no cuenta, por lo menos para mi manera de ver.

Pablo - *(Riendo.)* Bueno, bueno, no esperaba terminar el día con una disputa intelectual.

Visitante Tranquilícese. Le aclaro que no soy un intelectual, bajo ningún concepto.

Pablo - Pues da muestras de serlo. Me parece que voy a necesitar otro cognac... Sinceramente, ¿no desea beber algo?

Visitante No, no, muchas gracias.

Pablo - *(Va hacia el bar y lo abre.)* He cometido un error con usted.

Visitante ¿Sí? ¿Cuál?

Pablo - Ahora pienso que a lo mejor su problema no consiste en ser demasiado joven sino demasiado maduro.

Visitante O ambas cosas juntas, sería más correcto... Pero ese es un error secundario, sin importancia. Ha cometido uno mayor, y ese sí es fundamental.

Pablo - Usted dirá...

Visitante No haberme reconocido.

Pablo - Es difícil, comprenda. Todavía no sé su nombre.

Visitante- Podría decírselo, pero ¿qué ganaríamos con ello? ¿Si resultara contraproducente? Hay circunstancias en que no sirve sino para acrecentar la confusión. Porque un nombre no representa nada, salvo para las personas que ya nos conocen; y si nos conocen da lo mismo que nos llamemos Juan, Pedro o Sebastián, ¿no le parece?

Pablo - *(Permanece con la botella en la mano, mirándolo.)* Sí, en efecto, es una costumbre tonta... ligar a alquien con su nombre.*(Se sirve otro cognac, deja la botella y cierra el bar.)*

Visitante Tonta y perjudicial, pues trae una consecuencia grave: que se deforma el carácter ajeno. Recordamos el nombre de una persona y en torno a él prendemos una serie de datos, desde luego equivocados, que consideramos testimonios y no pasan de ser una pura invención nuestra. Llevamos a cuestas esta imagen fragmentaria del otro y no podemos recordar en cambio su fisonomía, donde está escrito todo para un lector cuidadoso.

Pablo - Cierto, es un hecho de observación corriente: aunque nos veamos a diario las facciones son lo primero que se borra al separarnos. Conservamos tan sólo una visión que nos ha sido impuesta por la presencia y el trato, una visión que, como usted acaba de expresar, es fragmentaria...

Visitante Y subjetiva, añada. Regresamos al punto de partida, ve, lo que le señalé a propósito de la vocación; aquí también se revela la impotencia del hombre para superar el límite de su propio yo. La imagen que tenemos del otro es una ilusión, un artificio de nuestra subjetividad... Pero cuando nos encontramos recurrimos instantáneamente a esa imagen, ya que resulta cómodo manejarse a expensas del modelo y pasar por alto lo cambiante, las sutilezas que demandaría esfuerzos analizar. Preferimos atenernos a fijezas, porque somos perezosos y tememos el desconcierto. De ahí nos viene el vicio de crear símbolos; un símbolo da por presupuestas muchas cosas, nos evita tener que ahondar en el análisis... Lo que reclama nuestra calma es disponer de jerarquías absolutas para movernos libremente al amparo de ellas, sin que nos importe haber desfigurado la realidad y haber montado un orden ficticio. La realidad es relativa, y lo relativo nos desorienta. Supongamos mejor que existen entidades inmutables y que somos capaces de gobernarlas; lo primordial es ubicarnos, no interesa hasta qué extremo llevemos la farsa.

Pablo - Usted exagera, me temo. Tiene razón en parte, pero exagera. Lo perdurable existe y se justifica que el hombre tienda a explicárselo por el impacto que causa en su naturaleza transitoria.

Visitante ¡Ah, sí, cómo iba a faltar! ¡La manía de la duración! Hay que sobrevivir, bailando como marionetas, rechinando los dientes, dando manotazos al aire, luciendo una sonrisa, aunque no sea más que una mueca siniestra. ¡Hay que apresurarse, el futuro se nos viene encima con toda su carga de sorpresas que desata el pánico!... Si comprendiéramos que nuestro futuro es quizá la única instancia fija e inamovible no degradaríamos el presente haciendo de él una mera función de cálculos que no podemos prever.

Pablo - No lo entiendo.

Visitante ¡Es tan simple!... El hombre ve en el presente su baluarte. Desde allí el cosmos se le antoja una perpetua quietud. Tengamos entonces un vocabulario para referirnos a cada una de esas sustancias inmortales y las equivalentes que poeemos en nosotros mismos. Todo está perfecto. Lástima que este precario bienestar se desintegra ante la incógnita del futuro... El planteo falla por su base, me querido señor. El futuro no es anárquico; es lógico y previsible, con un mínimo de talento analítico. Lo confuso es esa petulante interpretación que hacemos de la realidad sensible,del presente, del mundo y del prójimo, que nos empuja al agnosticismo.

Pablo - Usted combina elementos de juicio dispares y con ellos saca conclusiones arbitrarias. ¿Adónde quiere ir a parar?

Visitante No se apresure, le pido que tenga un poco de paciencia..-.(*Pausa.*) Muchas veces habrá sentido, durante los raros momentos en que su ambiente próximo le sugiere la idea de libertad, que está preso en una estructura infinitamente más vasta, que la mente sólo puede designar con la palabra universo. Y también habrá comprobado, si su pensamiento repite esta asociación de servidumbre con el concepto ordinario de espacio, que termina por carecer de significación, como se nos hace incomprendible y absurda cualquier palabra luego de repetirla automáticamente quince o veinte veces, hasta que deja de evocar la representación originaria. Esta es la prueba más evidente de que el lenguaje es un artificio que no guarda correspondencia alguna con la realidad.

Pablo - No podrá usted, de todos modos, negar su necesidad.

Visitante ¿Qué quiere decir?

Pablo - Pues simplemente su valor como medio de comunicación.

Visitante Si precisamente por eso se lo digo... ¡Comunicación!... una hermosa palabra, una palabra importante, seductora. Qué pena que aluda a algo inexistente... ¿A qué denominamos comunicación?: a aquello que nos lleva a ponernos de acuerdo sobre nimiedades,a compartir la idiotez cotidiana y a quedar defraudados a poco que intentemos manifestar algo decisivo.

Pablo - Perdone... mi opinión es que esa impotencia se relaciona con el pudor, la timidez, o la cobardía si usted quiere; pero tengo el convencimiento de que con el lenguaje podemos expresar todo.

Visitante Se engaña usted de manera lamentable, con el fanatismo propio del artista que estima todopoderoso el instrumento del cual se vale... Acepto lo que dice acerca del pudor o la cobardía para ocultar sentimientos y pasiones. Lo que deseo indicar es que con el lenguaje hemos creado un repertorio de sonidos que contiene referencias a un cierto número de impresiones o estados de ánimo. Todos catalogados y definidos... ¿Es usted tan inmaduro como para no darse cuenta de que en nosotros caben sólo las emociones que figuran en ese catálogo, porque son las únicas que logramos transmitir y hacer entender a los otros? Habrá, sin duda, experimentado aquello muy común de una felicidad tan intensa que no acierta a traducirla en palabras, o sea mezcla de júbilo y desesperación que procura incidentalmente el amor ... ¿Y no ha dicho a esa persona que amaba: "Me suena ridículo decirte te amo porque lo que siento es más grande que eso"? Pues bien, es un hecho irrefutable; eso no es amor, es una sensación distinta, otra dentro de la gama, que está rotulada como amor y usted tiene que llamarla así, ya que carece del vocablo adecuado... Estoy tomando como muestra un caso fácilmente comprobable. Y si usted ha experimentado esto, o los diversos éxtasis del arte, la conmoción que provocan ciertos aspectos de la naturaleza, la sonrisa de un niño o el espectáculo de un gato dormido, que sólo atinamos a titular candor o inocencia...¿Y no ha despertado en usted una persona de su sexo un cariño que excedía la noción vulgar de amistad, que ha debido callar por no disponer de la palabra justa y temía, en consecuencia, ser mal interpretado?... Estos escasos ejemplos en una lista de millones... ¿Está usted tan falto de imaginación que no ha sentido jamás la urgencia de indagar las causas de estas imperfecciones y el grotesco divorcio entre lenguaje y realidad? *(Con arrebato progresivo,)* Se ha conformado con lo que tenía a mano, con lo que le dieron ya al nacer. ¡Y usted es un escritor, poeta y ensayista por añadidura!... Si hubiera tenido la valentía de aventurarse en este campo habría tal vez descubierto lo cercenadas, lo truncas que se encuentran las pasiones que vivimos. ¿Y por qué? Porque nos enseñaron a nombrarlas antes de que tuviéramos la oportunidad de vivirlas y así, al enfrentarnos con ellas, anteponemos la palabra a la vivencia, con la cual no hacemos más que pervertir su esencia forzándolas a encajar en un molde para convertirlas de esta manera en algo raquítico y miserable... La poca gente que ha reparado en el equívoco y se ha visto cara a cara con la impostura forma de legión de los dementes y los neuróticos incurables. La humànidad, desde su origen, sin excluir a uno solo de sus componentes, es la responsable de haberlos arrojado a ese callejón sin salida. Porque ellos exhumaron la verdad, o al menos tuvieron un atisbo de ella; palparon, aunque sea a tientas, el error inicial y no pudieron seguir abonando su cuota privada al embuste. ¿Y qué hacemos por ellos?... Pues ponerlos en manos de especialistas, sabelotodos de la actividad mental, psicoanalistas y psicoterapeutas, parlanchines a sueldo, seres inválidos y atrofiados que nada comprenden, ni siquiera a sí mismos, y pretenden llenos de insuficiencia devolverlos al carril por medio de los viejos y corrompidos métodos... Y si este desastre acontece en el ámbito de la emotividad, que es el más accesible por su resonancia inmediata, qué no sucederá en el plano del pensamiento puro... Admito que las Matemáticas gocen de una cierta validez, puesto que parten de realidades incuestionables y constantemente se someten a la verificación; pero todo aquello que se aplica al ejercicio discursivo, lo llamamos cándidamente abstracción... ¡Qué suma fatal de disparates! En este aspecto la filosofía y las disciplinas afines constituyen el colmo de la profanación y la barbarie, casi una obscenidad... Piense que hay filósofos, los medianamente lúcidos, que han debido inventar un lenguaje particular para exponer sus sistemas. Pero ¿qué ocurre? Ese lenguaje, calcado del usual, adolece de idénticas fallas. Otros hombres tienen que perseverar durante años en el estudio del pensador supuestamente genial, enloquecer en medio de fórmulas y planteos abstrusos, tan alejados de lo real como una antípoda lo está de la otra, y tras este esfuerzo agotador discutirlo, impugnarlo, reducirlo a escombros y dedicarse después a la preparación de un nuevo caos. Otro tanto vale para la literatura y el arte.

Pablo - *(También exaltado.)* Usted habla como si fuera infalible. ¿No sospecha, ni por un segundo, que podría estar incurriendo en esa subjetividad que tanto le disgustaba un rato antes? No va a decirme también que niega la belleza. Eso está en relación directa con la realidad.

Visitante *(Con tranquilidad glacial.)* ¿Puede aclararme sobre qué apoya su juicio? ¿Tiene presente alguna imagen en especial?

Pablo - Bien... se me ocurre el *David* de Miguel Angel, por ejemplo, o el de Verrocchio, o la *Venus de Cirene*. Su belleza no es un artificio y puede, como usted diría, verificarse en la realidad; la especie humana, en este caso.

Visitante Me alegro de que haya recurrido a las artes plásticas. La poesía y la música son organizaciones, si así podemos llamarlas, tan viciadas y desprovistas de referencias positivas que únicamente consiguen excitar el más enfermizo estado de vaguedad, un relajamiento que narcotiza cualquier clase de escrúpulos; entre esto y las drogas no existe la menor diferencia... Note los tropiezos que me impone el uso del lenguaje para hacerme entender y las aberraciones a que nos conduce. Pero no puedo, naturalmente, hablarle en el lenguaje absoluto ya que usted lo ignora aún y eso aumentaría el desacuerdo. En fin, resignémonos y adelante. Usted ha propuesto como una de las ilustraciones el *David* de Miguel Angel y afirmó secundariamente que su belleza se halla sin dificultad en la especie humana, con lo que está condenándolo de antemano. Porque yo le contestaré: ¿Con qué fin crear entonces algo innecesario, reproducir lo que la realidad nos da con exuberancia?... No dude de que es una copia, con todo lo excelsa que sea para su gusto estético. Sin embargo no es a esto a lo que me refiero... y aquí volvemos a la esfera de lo afectivo. ¿Qué impulso movió a Miguel Angel a esculpir su *David*? Una compulsión, ¿verdad?, un arrebato desinteresado - seamos ecuánimes - pero asimismo totalmente gratuito e inútil, ya que vuelca en un material yerto la forma que la naturaleza nos da con la excelencia de lo animado... corroboro lo que usted ha dicho... Y en este punto se nos descubre el enigma: el acto gratuito obedeció en Miguel Angel, principio igual para todo artista, a insatisfacción, a entera desarmonía con su realidad. En lugar de entregarse a la locura optó por quedar en una etapa intermedia y consagrarse a la escultura. Tuvo una vislumbre de esa verdad inaccesible y, por reacción, se abocó a la tarea de traducir formas. Conoce, a buen seguro, sus infortunios, la amargura y la incomprensión que colmaron su larga vida. El arte fue su escape, y el arte es siempre un escape, un recurso de última hora que impide caer en el desvarío, en ocasiones ineficaz como lo fue para Schumann o Van Gogh... Esto por cuanto hace a él. Ahora bien, está usted ante el David, en la Academia de Florencia... lo encuentra usted sublime; alguien, a su lado, lo ve detestable... otro muy hermoso, aunque apunta defectos. No coincidirán jamás dos opiniones. ¿Quién dispone de la legítima? ¿Quién sabe de las fatigas que acarreó la ejecución de esa obra, de las vacilaciones, quién es capaz de atestiguar las marchas y contramarchas de su autor? Estaba recluido en su soledad, trabajaba para su soledad. *(Cada vez más exaltado.)* Si no fue comprendido por sus contemporáneos, los que convivieron con él, ¿es usted tan ignorante y vanidoso como para declarar que comprende a Miguel Angel, o tan siquiera a su David, a más de cuatro siglos de distancia?... ¡A qué hablar de comunicación, por lo tanto! ¿Y quién puede sentar un veredicto? ¿No está convencido de que la crítica es charlatanería y jactancia, una actividad de imbéciles?... ¡Pero no!... Tenemos a nuestra disposición una palabra más: la belleza; una palabra de sonoridad mágica, confortable por su imprecisión. ¡Magnífico!... Acostémonos en el suave colchón de la belleza, revolquémonos en él, pongamos los ojos en blanco, llenémonos la lengua delirando sobre la belleza, que es impalpable. *(Gritando.)* Sigamos engañándonos mientras todavía haya tiempo, enamorándonos y estafando, dialogando con el amigo, creyendo que nos comprendemos, refugiándonos en ideales burdos, fabricados al por mayor, sigamos consolándonos. Estamos practicando la comunicación... ¡Emprendamos una guerra santa contra los enemigos que no aceptan las leyes de nuestra comunicación! ¡Matemos a sus mujeres y a sus niños para que no continúen en el error!... ¡Asaltemos sus ciudades, destruyamos sus hogares para enseñarles los sagrados mandamientos de nuestra comunicación! *(En un verdadero estallido de furor.)* ¡¡Pero!!... ¡¡Verdaderamente!!... ¿Es tan ciego, tan torpe, que no ve la miseria espantosa con que hemos inundado el mundo?

Pablo - *(Gritando también, con frenesí incontenible.)* ¿Y por el hecho de verlo cree que tengo el poder de modificarlo? Usted habla de parcialidades. La ruina, sometida a un examen riguroso, es mucho más grande. Se dirige a mí como si yo fuera el causante o tuviera en mis manos la solución. Su postura es muy ventajosa, muy cómoda, usted no pacta con nada ni con nadie. Se encuentra al final del camino y, desde lo alto de una torre, hace el balance de la trayectoria. ¿Y qué saca en limpio? Sólo riesgos, peligros y amenazas. Se compadece, sí, pero desde lo alto de la torre. Ah, sí, eso sobre todo: lo más lejos posible del fango. El paisaje no muestra sino destrucción y horror, inmundicia y miseria. ¿Qué espera?... ¿Que aparezca un mago y transforme la tierra en el paraíso que fue, el que dieron a nuestros padres?... Sí, todo es aciago, el mundo y la vida ofrecen un cuadro patético. Pero el ser humano no puede desligarse y a pesar de que vea el horizonte sombrío está condenado a soportarlo. No se vive por elección. Los millones que pueblan este planeta han sido arrojados a él; lo afirman los filósofos que usted desprecia. Nacemos por un instinto y otros instintos se encargan de mantenernos. Nacemos inconscientes, pero dotaos de una inteligencia que se desarrollará lentamente para que nos acostumbremos al horror poco a poco. No obstante, junto con el horror vendrán otras cosas: vínculos y sentimientos. Traen también su carga de martirio; sin embargo a través de ellos se nos refleja una armonía que nunca lograremos abarcar, un resplandor de perfección eterna, y el haberla compartido un instante nos devuelve el aliento. Sí, lo sé, somos débiles y limitados y nuestros sentimientos obedecen a esa escala. No podemos despojarnos del egoísmo, de la codicia, de la vanidad y la mentira. he sido víctima del fraude, y he hecho fraude a mi turno. He sufrido náusea y estupor ante la traición y la maldad sin motivo. Sé que nos devoramos los unos a los otros, atacamos y asesinamos para obtener nuestros fines... ¿Qué más quiere que le diga? No conozco otra cosa fuera de esta vida que me ha tocado vivir; tengo el derecho de rebelarme, pero no la fuerza de negarla. En alguna parte, donde no lo sabemos, debe existir la redención. *(Se deja caer en un sillón y hunde la cabeza entre las manos, agotado.)*

Visitante *(Sereno y despectivo.)* Sí, sí... déjese tentar por el consuelo. Está representando un papel muy loable, el de abogado de la raza humana. Subido a un escenario, sus semejantes lo aplaudirían hasta romperse los dedos.

Pablo - *(Reaccionando nuevamente, con ira.)* ¿Quién es usted para adoptar esa actitud de divinidad? ¿No es un hombre, acaso? ¿O es un demonio?

Se hace un silencio absoluto y tenso.

Visitante *(Con infinita calma, a media voz.)* Realmente, es inconcebible que no me reconozca. *(Pausa.)* Haga memoria... ¿No recuerda una visita nocturna al Museo Capitolino?...

Pablo - *(Lo contempla azorado un momento.)* El Galo moribundo, ¿verdad? *(El Visitante asiente con la cabeza, sonriendo.)* Sí, lo vi primero en la celda de la Venus Capitolina... era una de esas noches romanas del verano, turbadora, fascinante...

Visitante *(Siempre asintiendo y sonriendo.)* Sí...

Pablo - Luego, cuando me hallaba frente al *Galo moribundo,* usted se acercó y me hizo un comentario...

Visitante Respecto a lo hermosa que era la cabeza...

Pablo - ... Y el brillo de paz y alegría en la mirada. *(Sigue como en un trance anestésico.)* Nos enfrascamos en una larga discusión sobre la muerte, y usted dijo algo...

Visitante *(Asintiendo.)* ¿Sí?...

Pablo - Dijo que la muerte de cada hombre tiene una edad... aquella edad en que, por vez primera, consigue valerse de la esperanza para superar la decepción.

Visitante Exacto. Lo felicito por la memoria.

Pablo - *(Como deslumbrado por una luz vivísima.)* En esa oportunidad la juzgué una frase pedante... ¿Qué edad tiene usted?

Visitante Veintitrés años. *(Tras una pausa.)* ¿Me reconoces ahora?

Pablo - Estoy aturdido. No obstante, creo comprender... ¿Por qué no nos parecemos?

Visitante Qué pregunta descabellada... Si hemos convenido en que olvidamos el rostro ajeno al minuto de separarnos, ¿quién reconocería el propio al cabo de los años?

Pablo - *(Tras una pausa.)* ¿Vienes a buscarme?

Visitante Efectivamente. Se ha cumplido el plazo... Mejor dicho, está a punto de expirar.

Pablo - ¿Puedes explicarme cómo sucede?

Visitante Lo entenderás después. Ahora es improbable. ¡Se ha disparatado tanto sobre el tema! Teorías ridículas, desatinadas... que cuando somos la muerte no es, y cuando la muerte es nosotros no somos... la muerte la llevamos dentro de nosotros mismos y cosas por el estilo... Ya te lo dije en Roma, resumido en lo que creíste una frase pedante. Las grandes decepciones forman la muerte. Algunos la aceptan de inmediato: Romeo no quiere vivir sin Julieta y Julieta sin Romeo, los suicidios adolescentes, etcétera. La mayoría sobrevive, valiéndose de la esperanza, aunque secretamente intuyen que el porvenir será sólo repetición, un constante sobreponerse al desencanto con procedimientos tibios y maquinales... La esperanza es nostalgia por algo que se perdió, por esa partición que significó el nacimiento de tu muerte. *(Pablo toma la copa, pero no bebe; la conserva en la mano.)* Sorteaste la crisis a costa de desprenderte de la mitad de tu yo y proseguirás la marcha acosado por la soledad. Eres un ser mutilado y, naturalmente, sientes el vacío... Algunas religiones han tenido un indicio, por lo menos es posible deducirlo de ciertos mitos: Eva nació de Adán y se convirtió en su muerte potencial. La mujer es siempre el vehículo de la muerte para el hombre. Lo que llaman amor es sólo la búsqueda de aquella porción eliminada de ti. No es más que una quimera, un intento fallido, porque la soledad persiste; concluirá únicamente cuando vuelvas a fundirte con tu muerte, cuando te reintegres a la unidad que eras. *(Pausa.)* Tú también has entrevisto una fase de la verdad en la novela que estás escribiendo... Fue una intuición, como se diría en tu lenguaje. Por eso no llegabas a comprenderlo; ahora dispones de la clave. *(Larga pausa.)* Hemos hablado un largo rato. Es tiempo de que me retire.

Pablo - ¿Debo irme contigo?

> *Mientras dialogan la luz del jardín reaparece lentamente. Gustavo entra a escena desde allí, vestido como en las Escenas I y IV. Tiene las manos en los bolsillos. Da unos pasos al azar. Se le nota desasosegado.)*

Visitante ¿Cómo se te ocurre? ¿Crees que puedes desaparecer con tanta facilidad? La gente necesita un cadáver para certificar tu muerte... Vendré por ti.

Pablo - ¿Cuándo será?

Visitante *(Levantándose.)* Eso me está prohibido decírtelo. *(Pausa.)* Saluda a Florencia de parte mía. Es una mujer admirable.

Mientras el Visitante dice esto último se dirige al vestíbulo. Pablo lo sigue, llevando todavía su copa en la mano. Ambos desaparecen de escena, en tanto la luz completa su transformación hasta ser la misma de la Escena IV. Se apaga también, junto con la chimenea y los faroles, la lámpara del escritorio.

Escena VI

Gustavo - *(Se ha acercado al escritorio. Observa, revuelve. Luego levanta algunas hojas sueltas. Elige una y lee.)* Ricardo alcanzó a sacar la cabeza una vez más fuera del agua y oyó su propio grito antes de hundirse. Percibía la blandura líquida, una red verde, elástica y sofocante que lo envolvería para siempre, sepultándolo. Tendió nuevamente los brazos, angustiado, y tocó algo rugoso. ¿Algas? Apretó con mayor fuerza. *(Ve una llamada en el texto.)* Uno. *(Baja la vista al pie de la página y lee, con un poco de titubeo, la nota manuscrita.)* Pudo erguirse, sin saber cómo. No... no estaba ahogado, aunque... respiraba con dificultad. *(Vuelve a lo alto de la página.)* A la palidez lunar que se filtraba por la ventana se vio aferrando la sábana con los dedos crispados. Un sueño. Dios mío, qué alivio, no era sino un sueño, se dijo en voz alta. Otro de esos sueños aterradores que lo perseguían últimamente. Encendió la luz del velador y se levantó. Pasó por sobre la manta, caída junto a la cama, y se tiró en el sillón. Tenía la piel húmeda, pegajosa. Se sentía exhausto y desvalido. ¿A qué debía atribuir el cambio operado en él? Pretextaba estar cansado, pero no podía engañarse a sí mismo. Porque no eran los sueños solamente; la pesadilla se prolongaba a lo largo del día, sin pausa. Durante esas semanas había vivido en un continuo estado de zozobra. Temor, se trataba de temor, a qué negarlo. Se acordó de Marcelo, lo vio casi delante de él con aquella sonrisa cautelosa y enigmática. Marcelo, tan seguro de sí, tan controlado. Apenas si lo conocía. Tuvo que aceptar, no obstante, que su carácter lo avasallaba. Marcelo le infundía ese temor entonces, hablándole de la muerte. Pensó si Marcelo no se habría adueñado de su vida, como un agente de la muerte que regía el destino y a quien le sería factible interrumpirlo a su antojo, cuando lo deseara. La premonición vaga se iba despejando en su conciencia: Marcelo, quizá el ejecutor de una catástrofe inminente. Quiso desechar la idea de inmediato, por insensata, pero la carcajada se le estranguló en la garganta, sonó igual al llanto de un niño solo en la oscuridad. *(Sonríe con cierto desdén y deja las hojas nuevamente en el escritorio.)*

Florencia - *(Sale del dormitorio, vestida como en las Escenas I, III, IV y V, y deja la puerta abierta.)* ¿Tardé mucho?

Gustavo - *(Consulta su reloj.)* Hum... exactamente cinco minutos, promedio inaudito para una mujer.

Florencia - Soy un raro ejemplar de mi sexo. *(Mientras dice esto, riendo distraídamente, se acerca a la estantería de foro y ordena algo.)*

Gustavo - *(Nervioso.)* Sí, sí, puedes creerlo.

Florencia - Voy a prender la chimenea.

Gustavo - ¿La chimenea, con esta temperatura tan agradable?

Florencia - A lo mejor refresca por la noche. De todos modos a Pablo le encanta el fuego. Traeré un poco de alcohol. *(Va a la cocina y regresa con una botella o una alcuza.)* Se enciende más rápido así. *(Se arrodilla junto a la chimenea y vierte alcohol sobre los leños.)* ¿Tienes un fósforo, Gustavo?

Gustavo - Encendedor.

Florencia - Sí, dámelo. *(Gustavo se lo alcanza.)* Gracias. *(Enciende el fuego y devuelve el encendedor a Gustavo. Luego toma la alcuza, que había dejado en el suelo.)* Discúlpame, sabes lo lunática que soy en cuanto al orden. *(Va otra vez a la cocina llevando la alcuza y vuelve a escena. Sonriendo.)* Todo listo, estoy a tu disposición... De veras, ¿no tomarías un te? Lo tengo hecho.

Gustavo - Oh, deja de moverte de un lado a otro. Terminarás por marearme.

Florencia - *(Lo mira fijamente.)* Algo te pasa, Gustavo, a mí no me lo ocultas.

Gustavo - Como a todo el mundo. No vale la pena hablar de ello.

Florencia - ¿Qué era lo que querías decirme?

Gustavo - Mira, olvídate; no creo que sea el momento oportuno.

Florencia - ¿Qué es eso de momento oportuno entre nosotros? ¿No tenemos la suficiente confianza, acaso? *(Se aproxima a él y le toma una mano.)* Pero... estás temblando. Dime qué tienes para que pueda ayudarte.

Gustavo - *(Con aspereza.)* ¡Vamos, hazme el favor! ¡Esos modales de madre histérica no van bien conmigo!

Florencia - Gustavo, nunca te he visto así. Estás ofuscado.

Gustavo - ¿O angustiado? *(Ríe con sarcasmo.)* No... las angustias son patrimonio de los escritores, de los genios. Yo tengo problemas elementales, digamos a ras de tierra, como mi cerebro.

Florencia - Espero equivocarme, aunque me parece estar viendo la punta del ovillo.

Gustavo - Te lo dije, no es el momento oportuno. Demos vuelta la hoja.

Florencia - ¡Ah, no!... No me gustan los discursos a medias ni las insinuaciones. Quiero saber qué sucede.

Gustavo - Pues nada... ciertas cosas que me preocupan y que haré mejor en callar.

Florencia - Esas cosas tienen alguna relación con Pablo, según imagino.

Gustavo - Te alteras... ¡Por favor, no toquemos al bebé mimado! ¡Dejémoslo en la cuna, bien abrigadito con sus pañales y sus mantas! No hay que perturbar su sueño dorado.

Florencia - ¿Has reñido con Pablo? ¿Es eso lo que te preocupa?

Gustavo - ¿Cómo se puede reñir con un ángel?... Basta, Florencia, no sigamos. Puede ser desagradable. Y tal vez Pablo llegue en cualquier momento.

Florencia - Por el contrario, empezaste y ahora vamos a seguir.

Gustavo - *(Tras una breve pausa.)* Muy bien, si te empeñas... No es Pablo quien me preocupa, sino tú.

Florencia - *(Asombrada.)* ¿Yo?... Es absurdo, francamente. No comprendo la razón. ¿Qué te preocupa de mí?

Gustavo - Tu vida, tu futuro.

Florencia - *(Riendo con simpatía.)* Gustavo... Si te vieras con ese aire de sibila. El futuro está cargado de presagios, ¿verdad?

Gustavo - ¡Eso es, ríete! A Pablo le resulta muy conveniente tu humor.

Florencia - ¿A Pablo? Gracias a él lo tengo.

Gustavo - Sí, naturalmente. Entretanto él saca buen partido, como en todo.

Florencia - *(Con rudeza.)* No tienes derecho a decir eso.

Gustavo - ¡No, no tengo derecho! ¡El sí, tiene derecho a lo que le venga en gana, a utilizarte igual que a un objeto en homenaje a su inteligencia soberana!... Siempre le han abierto el camino, siempre ha encontrado el camino, siempre ha encontrado la devoción salvadora que le ha quitado las espinas de delante.

Florencia - ¿Qué sabes tú?

Gustavo - Lo conozco desde mucho antes de que tú lo conocieras: el niño favorito, el joven halagado, el escritor famoso. Todos haciéndole corro y batiendo palmas.

Florencia - Deberías alegrarte de su éxito, es tu mejor amigo... ¿No puedes perdonárselo?

Gustavo - ¡Sí, fácilmente! Lo que no le perdono es lo que ha hecho contigo.

Florencia - ¿Conmigo? ¿Qué estás tratando de decir?

Gustavo - ¿No te das cuenta del papel que haces? ¿Hasta qué punto piensas llegar en el sacrificio?

Florencia- ¡No sé de qué hablas!

Gustavo - ¡Mientes!... ¡No finjas también delante de mí!... ¿Se le ha ocurrido casarse contigo? ¿Te lo ha propuesto tan siquiera? Supongo que te gustaría tener hijos, como a cualquier mujer.

Florencia - ¡No voy a responderte, es algo que no te concierne!

Gustavo - ¡Te equivocas! ¡Me concierne, mucho más de lo que crees!

Florencia - Concluyamos esto, Gustavo, te lo suplico.

Gustavo - Ah... ¿no insistías para que hablara? He puesto el dedo en la llaga, ¿no?

Florencia - No es eso, no... Tengo miedo de que digas algo irreparable.

Gustavo - ¡Es preferible la cobardía del silencio! ¡Callar a toda costa! ¡Estoy harto del silencio!

Florencia - *(Dulcemente.)* Te lo ruego, Gustavo...

Gustavo - *(Sin ceder, pero con otro tono, aplacado, y muy pausadamente.)* Te conocimos al mismo tiempo... Nació una verdadera camaradería entre los tres. Los inseparables, nos llamaban; en todas partes juntos, alegres como adolescentes. Aprendiste a reír con nosotros... Una tarde nos contaste lo que había sido tu vida. No lo hubiéramos adivinado nunca, estábamos consternados. *(Pausa.)* Qué bien recuerdo aquella tarde... el crepúsculo de otoño, el banco del parque, los árboles manchados de oro, el reflejo en el agua... tus lágrimas, la calidez de tu mano apretando la mía...

Florencia - *(Comprendiendo, con suavidad.)* ¿A qué viene esto?... Basta, Gustavo, te harás daño.

Gustavo - ...Fue la única vez. Después las calamidades, la tragedia de tu padre, de tu hermana, todo quedó archivado, olvidado como una pesadilla... Me enamoré de ti desde el minuto en que nos presentaron. Lo sabías, ¿no es cierto? También tú me hiciste creer que sentías lo mismo...

Florencia - *(Adelantando las manos.)* No es verdad... no es verdad...

Gustavo - Un día decidí que iba a confesártelo. Te llamé. Habías salido con Pablo, los dos solos por primera vez... La pesadilla comenzaba para mí.

Florencia - No sigas...

Gustavo - Recuerdo la noche de tu cumpleaños, el restaurante suizo, con aquel reloj de las figuras que giraban al dar la hora... ¿Qué comíamos?... Pavo. Ah, y el champagne, por supuesto, el champagne... No se me ha borrado la sonrisa de Pablo, la llevo grabada, la veo siempre... Sabes, Gustavo, Florencia y yo estamos enamorados; tenías que ser el primero en saberlo... Lo odié, hubiera podido matarlo, o matarme. Pero tenía que reír, felicitarlos, hacer bromas. Sentía gusto a sangre, me parecía imposible resistirlo una hora más... Cuando me dejaron en casa me puse a llorar junto a la puerta. No lloraba desde chico, pero entonces aprendí, como tú aprendiste a reír.

Florencia - *(Apenada.)* No lo supe jamás, Gustavo, créeme que no lo supe...

Gustavo - Hace seis años que estoy hundido en ese infierno; sin embargo no salgo de él, me falta valor. Día tras día me he dicho que debía terminar con esto, y ya ves... aquí me tienes. No puedo dejar de verte.

Florencia - Es terrible, lo sé, y te comprendo.

Gustavo - No lo sabes. Lo sabes cuando estás dentro, en tu propio cuarto, con la soledad... y eso.

Florencia - Todos somos solitarios, en cierto modo.

Gustavo - ¡Sólo los egoístas, los que guardan una parte de sí mismos! Por eso detesto a Pablo, no por mí, ni porque lo hayas preferido. Detesto su mediocridad de alma. Ha encontrado a alguien como tú y no se ha entregado.

Florencia - Eres injusto, pero lógicamente lo ignoras. Soy yo quien no ha querido casarse, por razones que no viene al caso discutir. Pienso que el matrimonio y los hijos serían inconvenientes para Pablo.

Gustavo - ¡Hasta eso haces por él! ¡Adelantarte a su egoísmo y evitarle las decisiones! ¡No merece nada de lo que tiene!

Florencia - Te engañas, Gustavo. Merece más de lo que tiene.

Gustavo - *(Con agresividad creciente.)* ¡Sí, el praíso entero y tú adorándolo eternamente junto al pedestal! Siempre la vida regalada, preparada por los demás. No tiene idea de lo que es sufrir.

Florencia - No puedes hablar así... Tú lo conoces desde mucho antes que yo, es cierto. Sin embargo a Pablo le han sucedido cosas que nunca te ha contado, que ni siquiera imaginas. He debido pasar por sobre su reserva, obligarlo a que me las confesara porque sabía que lo atormentaban... Pablo, sabes, sufre de manera poco común, porque su sensibilidad es poco común, con una lucidez que le muestra el dolor oculto en la alegría propia y en la ajena.

Gustavo - *(Despectivamente.)* ¡La psicosis literaria!... ¡Quisiera verlo sufriendo concretamente, del otro lado de las lindas palabras! ¡Quizá lo despreciaría un poco menos!... Sufre tanto el pobrecito, y es tan generoso, que pudo viajar a Italia y dejarte sola con tu madre enferma.

Florencia - ¡Esos son accidentes, Gustavo!... Yo lo impulsé al viaje, ocultándole la gravedad de mi madre. Sabía que allá hallaría lo que buscaba en ese momento. Las circunstancias no cuentan; yo tenía entereza suficiente para afrontarlas... El viaje lo maduró más aún de lo que yo esperaba. Tuve mi premio. Ahora ha encontrado su verdad y está dando frutos.

Gustavo - *(Con profundo desdén.)* ¡Aplaudamos al altísimo poeta!

Florencia - ¡Gustavo!...

Gustavo - *(Fuera de sí, en el paroxismo de la ira.)* ¡Cállate! ¡Me repugna tu abnegación, me asquea tu conformidad! ¡Es abyecta! ¡Te portas como una mujerzuela!

Florencia - ¡Estás loco! ¡Ciego de odio!

Gustavo - ¡Te ha degradado! ¡Si te abofeteara en público, si te pisoteara o te vendiera como esclava seguiría siendo el ídolo! ¡¡Te ha robado hasta la dignidad!!...

Florencia - *(Simultáneamente.)* ¡No voy a tolerarte!...

Gustavo - ¡¡Ha hecho de ti casi una prostituta!!...

Florencia - *(Simultáneamente.)* ¡¡Infame!! ¿¡Cómo te atreves!?

Gustavo - ...¡¡Sí... que se arrastraría por la calle y se ofrecería a cualquiera, si te lo pidiese!! ¡¡Ese miserable!! ¡¡Ese rufián!! ¡¡Ese impostor nauseabundo!! ¡¡Mientras él, sentado plácidamente a su escritorio, seguiría dando sus preciosos frutos!!...¡¡Dile que se apure en todo caso, porque le queda poco tiempo!!

Florencia - *(Repentinamente aterrada, con voz ronca.)* ¿Qué has querido decir?

Gustavo - *(Siempre gritando.)* ¡¡Eso!! ¡¡Que el tiempo se acaba!!

Florencia - *(Con una calma desesperada, marcando las sílabas.)* ¿Qué quieres decir?

Gustavo - *(Ya sin freno.)* ¡Tarde o temprano debías enterarte! ¿Por qué crees que vivo acosándolo para que concluya su bendito libro, su última colección de patrañas..?. ¡Porque Rodolfo me dijo que tiene los días contados nuestro buen Pablo! ¡Lo que tuvo va a repetirse a breve plazo, y esta vez será fatal!

Florencia - *(Tras un gemido sordo se abalanza sobre Gustavo, golpeándole el pecho y la cara.)* ¡Es una sucia mentira! ¡Es mentira! ¡Eso es lo que tú querrías, traidor! ¡No es cierto! ¡Es una asquerosa mentira tuya! ¡Dime que es mentira!... ¡Por Dios, dime que es mentira!... *(Se abandona en sus brazos, llorando.)*

Gustavo - ¡Es la verdad, Florencia! ¡Es la verdad, querida!... *(Sollozando.)* Florencia... mi amor...

Permanecen abrazados. Poco a poco Florencia se desprende de él y quedan ambos en silencio. Florencia va hacia la izquierda de la escena, Gustavo hacia el lado del vestíbulo.

Gustavo - ¡No podré perdonármelo nunca!...

Florencia - *(Con la cabeza gacha, los brazos bajos y separados del cuerpo, en actitud de náusea.)* Ya no tiene importancia... nada importa... Era mejor enterarme por ti.

Se hace un prolongado silencio. Los dos quedan inmóviles, como petrificados. Se oye el ruido de la puerta de calle.

Gustavo - *(Apresuradamente y en voz baja.)* Ahí llega Pablo... no sabe nada.

Pablo - *(Entra desde el vestíbulo. Viste un perramus y lleva una valija mediana en la mano.)* ¡El hijo pródigo retorna sano y salvo! *(Deposita la valija en el suelo y abraza a Gustavo.)* ¡Gustavo, qué gusto encontrarte aquí! *(Se aparta de él y mira alternativamente a ambos.)* Pero... ¿qué demonios pasa con ustedes?

Florencia, profundamente conmovida, lo contempla indecisa un instante y se arroja en sus brazos prorrumpiendo en llanto.)

Pablo - *(Calmándola como a una criatura.)* Bueno... vamos... ¡así es como te alegras de recibirme?

Florencia - ¡Pablo!... ¡Pablo!... se me ha hecho un siglo esta semana sin ti.

Pablo - *(Con extrema dulzura.)* Basta ya... basta de lágrimas... Te pondrás fea y el anciano Pablo no te querrá más. *(Saca un pañuelo del bolsillo y le enjuga las lágrimas. La besa en la frente.)* Eso es, ahora está mejor... ¡Qué ocurrió? ¿Ha intentado maltratarte este sujeto?

Florencia - *(Tomando el pañuelo de la mano de Pablo, riendo y llorando.)* Oh, Pablo, soy una tonta... discúlpame.

Gustavo - *(Recobrando el dominio de sí.)* Verdaderamente es una bienvenida lamentable... ¡Punto final y que vuelva la alegría!

Pablo - A eso llamo yo un discurso sabio.

Florencia - *(Va a tomar la valija.)* Te ordenaré la ropa.

Pablo - *(Le quita la valija.)* Nada, nada... se hará más tarde. Sólo quiero ponerme cómodo en mi uniforme burgués. Ustedes dos al jardín. Tendremos un maravilloso crepúsculo de otoño, especial para soñadores y decadentes.*(Gustavo acusa el golpe impremeditado. Pablo besa nuevamente a Florencia.)* ¿Prendiste la chimenea? No hace frío... *(A Gustavo.)* Te quedas, Gustavo.

Gustavo - Imposible. Me espera el coctel periódico en casa de Souan.

Pablo - ¡Santo cielo, qué horror! Te cubrirás de telarañas. *(Observa otra vez a ambos con asombro.)...* Me demoro un momento apenas. *(Levanta la valija y se encamina al dormitorio; entra, cerrando la puerta tras de sí.) Se hace un pesado silencio. Finalmente Florencia, abandonando toda resistencia, se deja caer en el silloncito de izquierda. Con los antebrazos cruzados sobre el vientre, y balanceándose hacia atrás y adelante, se entrega a un gemido convulsivo, jadeante, igual al lamento de un animal herido.*

Gustavo - *(Cubriéndose la cara con las manos.)* ¡¡Florencia, por Dios!!... ¡¡Soy un canalla!!... ¡¡Cómo he podido!! *(Pausa.)* ¡¡Florencia, no lo soporto!!... *(Se acerca a ella, la toma por los hombros y la obliga suavemente a levantarse.)* Ven, salgamos al jardín... Por favor, ven, no debe verte en ese estado... Sospecharía...

> *Florencia, sin interrumpir sus gemidos, encorvada, se deja conducir dócilmente.*

Gustavo - *(Llevándola hacia afuera.)* Tienes que serenarte... Pablo no lo sabe... No debe darse cuenta... Perdóname... Perdóname...

> *Salen. La escena queda un momento vacía. Pablo sale del dormitorio, vistiendo pantalón oscuro y chaqueta tejida beige. Va directamente al escritorio y hurga entre los papeles desparramados en busca de algo. Lanza un suspiro de alivio y un "aquí está" al encontrar una tarjeta que deposita en un ángulo de su mesa de trabajo. Mira en derredor, como si estuviera distraído o tratando de ubicarse en un ambiente desconocido*

para él, con una sonrisa extática. Por último se dirige al tocadiscos, lo abre y coloca un disco que ha elegido en la estantería anexa. Suena el Allegro inicial del Quinteto para clarinete, K. 581, de Mozart. Pablo sigue tenso los primeros compases. Luego de un instante cruza la escena y desaparece en la cocina. Se oye ruido de vajilla y un golpe de objeto metálico que cae al suelo, acompañado de una exclamación impaciente. Un rato después vuelve Pablo a escena trayendo una bandeja con tres tazas, cafetera y azucarero. Intenta hacerle lugar en el escritorio y, como no lo consigue, la deja en la mesita del centro. Se aproxima a la puerta vidriada que da al jardín.

Pablo - ¡Florencia!... ¡Gustavo!...

Florencia - *(Desde fuera.)* ¡Sí!... ¡Vamos!... *(Entra, seguida por Gustavo.)* ¿Acabas de llegar y ya empiezas nuevamente con Mozart?

Pablo - Sí, me desintoxica.

El telón empieza a bajar muy lentamente.

Gustavo - ¿De mi presencia?

Pablo - No seas tonto, de la mía. Es como entrar en un mundo perfecto donde nunca han existido las dificultades ni... *(La música aumenta de intensidad hasta ahogar completamente la voz de Pablo.)*

TELON

INDICE

Presentación 7

Introducción
   Carmeñ Naranjo 9

Escottie (Primer Premio)
   F ernando Benzo Sainz 11

Escenario 15
Acto I 17
Acto II 45

Escena I 45
Escena II 62

Infierno, Ida y Vuelta (Segundo Premio)
   Jaime Ramonell 77

Acto Primero 83

Cuadro Primero 83
Cuadro Segundo 85
Cuadro Tercero 95
Cuadro Cuarto 97
Cuadro Quinto 99
Cuadro Sexto 107

Acto Segundo 109

Cuadro Primero 109
Cuadro Segundo 110
Cuadro Tercero 117
Cuadro Cuarto 122
Cuadro Quinto 129
Cuadro Sexto 138
Cuadro Séptimo 140
Cuadro Ultimo 142

El Visitante (Tercer Premio)
Eduardo Alfonso Antinucci 145

Escena Unica 151

Acto Primero 153

Escena I 153
Escena II 167
Escena III 176
Escena IV 178

Acto Segundo 183

Escena V 183
Escena VI 199